池田大作

生死一大事血脈抄講義

聖教新聞社

著者近影

生死一大事血脈抄講義　目次

第1回 生死一大事《しょうじいちだいじ》の法——師弟不二《していふに》の大闘争《だいとうそう》で全民衆《ぜんみんしゅう》に真《しん》の幸福を……7

第2回 真実《しんじつ》の血脈《けつみゃく》——妙法の智水《ちすい》を流《なが》れ通《かよ》わし全人類《ぜんじんるい》を生死の苦《く》から救《すく》う……28

第3回 本有《ほんぬ》の生死——「生《せい》も歓喜《かんき》、死《し》も歓喜」で真の自由《じゆう》と希望《きぼう》を我《わ》が生命に……49

第4回 妙法蓮華経の生死——全人類を仏界《ぶっかい》で包《つつ》む慈悲《じひ》と希望の生死観……64

第5回 妙法蓮華経の受持《じゅじ》——民衆救済《きゅうさい》の誓願《せいがん》に生き永遠《えいえん》に「仏界の生死」を……80

第6回 臨終只今《りんじゅうただいま》と臨終正念《しょうねん》——「今」が三世《さんぜ》永遠の勝利を築《きず》く……98

第7回 生涯不退《しょうがいふたい》の信心——今世《こんぜ》の信心の確立《かくりつ》で三世永遠の幸福の血脈を……114

第8回　異体同心《いたいどうしん》——広布《こうふ》大願《だいがん》の絆《きずな》で結《むす》ばれた和合僧《わごうそう》に真《しん》の血脈《けつみゃく》が通《かよ》う……130
第9回　師弟不二《していふに》——広布大願に生《い》き抜《ぬ》く師弟の絆は三世《さんぜ》永遠《えいえん》……147
第10回　本化地涌《ほんげじゆ》の利益《りやく》——生命本有《ほんぬ》の妙法の力《ちから》で万人《ばんにん》を救《すく》う真の菩薩行《ぼさつぎょう》……169
第11回　上行菩薩《じょうぎょうぼさつ》——万人の「内《うち》なる力」開《ひら》く民衆《みんしゅう》勝利の究極《きゅうきょく》の先駆者《せんくしゃ》……186
第12回　煩悩即菩提《ぼんのうそくぼだい》・生死即涅槃《しょうじそくねはん》——迷《まよ》いと苦悩《くのう》の我《わ》が身《み》に
確信《かくしん》と歓喜《かんき》と希望《きぼう》を開け！……201
第13回　信心の血脈——民衆のために不惜身命《ふしゃくしんみょう》で戦《たたか》う
師弟不二の実践《じっせん》に成仏《じょうぶつ》の血脈……222

一、本書は、二〇〇六年八月から二〇〇七年八月まで「大白蓮華」に掲載された「生死一大事血脈抄講義」を収録した。

一、御書の引用は、『日蓮大聖人御書全集』（創価学会版）に基づき、ページ数は（全〇〇ページ）と示した。『日蓮大聖人御書全集　新版』（創価学会版）のページ数は（新〇〇ページ）と示した。

一、法華経の引用は、『妙法蓮華経並開結』（創価学会版、第二刷）を（法華経〇〇ページ）と示した。

生死一大事血脈抄講義

第1回　生死一大事《しょうじいちだいじ》の法

——師弟不二《していふに》の大闘争《だいとうそう》で全民衆《ぜんみんしゅう》に真《しん》の幸福を

講義

「生死」は、人間にとって最大の不思議《ふしぎ》であり、宗教にとっての根本《こんぽん》の課題《かだい》です。

我々《われわれ》は、どこから来て、どこへ行くのか。人は、何のために生まれてきたのか。偶然《ぐうぜん》の生《せい》にすぎないのか。それとも、何らかの目的が与《あた》えられているのか。

また、死《し》ぬことには、いかなる意味《いみ》があるのか。多くの現代人が漠然《ばくぜん》と思っているように、無意味《むいみ》な虚無《きょむ》に帰《き》することなのか。それとも古代《こだい》以来の東西の伝統的《でんとうてき》な考え方にあるように、〝輝《かがや》かしい不滅《ふめつ》の霊魂《れいこん》〟に帰ることなのか。
あるいは、釈尊《しゃくそん》が説《と》いたように、そのどちらでもないのか〈注1〉。

断見《だんけん》・常見《じょうけん》を超《こ》える仏法の智慧《ちえ》

「生死一大事血脈抄《しょうじいちだいじけつみゃくしょう》」は、この「生死」についての「根本《こんぽん》の重要事《じゅうようじ》」を教《おし》えられている御書です。それはまた、「仏法の真髄《しんずい》」であり、「宗教の根幹《こんかん》」でもあります。「一大事」という言葉が、そのことを示唆《しさ》されています。

法華経では、仏《ほとけ》がこの世《よ》に出現《しゅつげん》する根本目的を「一大事因縁《いんねん》〈注2〉」と説きます。それは、一切衆生《いっさいしゅじょう》に仏知見《ぶっちけん》〈注3〉を開《ひら》かせ、成仏《じょうぶつ》させていくことです。本抄で大聖人が教えられている生死についての根本の重要事とは、まさに、この万人《ばんにん》の成仏という法華経の理《り》念《ねん》に深《ふか》く通《つう》じているのです。

釈尊の悟《さと》りの一つと言われる「縁起《えんぎ》〈注4〉」の思想《しそう》では、「老苦《ろうく》」や「死苦《しく》」、つまり「老《お》い」や「死」の苦《くる》しみをもたらす根本原因《げんいん》として「無明《むみょう》〈注5〉」が挙《あ》げられています。そして、「無明《むみょう》」を消滅《しょうめつ》させれば「老《お》い」や「死《し》」の苦《くる》しみを克服《こくふく》できるとされます。釈尊《しゃくそん》の悟《さと》りの智慧《ちえ》とは、まさに死をめぐる迷《まよ》いと苦しみを乗《の》り越《こ》えるための智慧であったのです。

釈尊は、この智慧のもと、生死《しょうじ》に関する二つの誤《あやま》った考えを否定《ひてい》しました。それらの考えでは、死への恐《おそ》れや不安《ふあん》を絶対《ぜったい》に超《こ》えることができないからです。

一つは、死ねば無《む》に帰《き》するという「断見《だんけん》〈注6〉」です。

もう一つは、死んでも不滅《ふめつ》の霊魂《れいこん》が続くという「常見《じょうけん》〈注6〉」です。

これらは、「生まれたあとの自分」を前提《ぜんてい》とした生死観、すなわち、今生きている自分の生死だけしか見ない考え方であり、また、死と生《せい》を対立《たいりつ》するものとして捉《とら》えるにとどまり、生死をありのままに見た智慧とは言えません。

自分の死を意識《いしき》せざるをえない人間は、誰《だれ》であれ、この二つの考えを何らかの形《かたち》で持っているとも言えるでしょう。「断見」は死への恐れや不安をもたらし、「常見」はわが身《み》を惜《お》しむ生き方の一つの帰結《きけつ》です。

日蓮大聖人も「佐渡御書《さどごしょ》」で、断見・常見に当《あ》たる考え方が人間を真《しん》に幸福にする智慧ではないことを示《しめ》されています。すなわち、同抄の冒頭《ぼうとう》に、「世間《せけん》に人の恐《おそ》るる者は火炎《ほのお》の中と刀剣《つるぎ》の影《かげ》と此身《このみ》の死《し》するとなるべし牛馬猶《ぎゅうばなお》身を惜《おし》む況《いわん》や人身《じんしん》をや癩人《らいにん》猶命《いのち》を惜む何《いか》に況や壮人《そうにん》をや」（全九五六ページ・新一二八四ページ）と言われ、いたずらに死を恐れ、生《せい》に執着《しゅうちゃく》する「世間の生き方」を取り上げられています。

そして、これに対して、仏《ほとけ》の言葉を引かれ、「仏法の智慧《ちえ》」を次のように示されています。

「仏説《とい》て云《いわ》く『七宝《しっぽう》を以《もっ》て三千大千世界《さんぜんだいせんせかい》〈注7〉に布《し》き満《みつ》るとも手の小指《こゆび》を以て仏経《ぶっきょう》に供《く》養《よう》せんには如《し》かず』取意、雪山童子《せっせんどうじ》〈注8〉の身をなげし楽法梵志《ぎょうぼうぼんじ》〈注9〉が身の皮《かわ》をはぎし身命《しんみょう》に過《すぎ》たる惜き者のなければ是《これ》を布施《ふせ》として仏法を習《なら》へば必《かならず》仏となる」（同）

ここで引かれている仏の言葉は法華経薬王品《やくおうぼん》の文《もん》〈注10〉の趣意《しゅい》ですが、人々が惜《お》しむ身命を仏法のために使《つか》ってこそ最高の供養になることを示しています。そして、これを受けて大聖人は、雪山童子や楽法梵志のように仏法のために身命を惜しまない生き方によってこそ、仏になることができると言われています。仏になることができるということは、幸福になるための最高の生き方がそこにあるということです。

また同抄では、身を惜しむあまりにかえって餌《えさ》に化《ば》かされ、罠《わな》にかかって、命を落《お》としてしまう魚や鳥の姿《すがた》を通して、断見《だんけん》・常見《じょうけん》に通《つう》ずる生き方の愚《おろ》かさを示《しめ》されてもいます〈注11〉。

このように「佐渡御書《さどごしょ》」では、断見・常見を超《こ》える仏《ほとけ》の智慧《ちえ》を、仏法のために身《み》を惜《お》しまない「生き方」「行動」として示されています。まさに、この点が重要《じゅうよう》です。

「生まれてきたあとの自分」を前提《ぜんてい》とする生死《しょうじ》の考え方は、どうしても死後《しご》に今の自分が無《な》くなるのか、続くのか、という「議論《ぎろん》」になりがちなのです。これは、自分の死を鋭《するど》く意識《いしき》しながら、自分自身では死や死後を経験《けいけん》できない人間にとって仕方《しかた》のないことなのかもしれません。しかし、どう議論しても、最高の智慧とは言えないのです。

なぜならば、死ねば無《む》に帰《き》するという断見では、死への恐怖《きょうふ》や死に縛《しば》られた不安《ふあん》から永《えい》久《きゅう》に解放《かいほう》されません。

他方、自分の霊魂《れいこん》は不滅《ふめつ》であるという常見は、往々《おうおう》にして「今の自分がそのままで不滅でありたい」という安易《あんい》な欲望《よくぼう》の表現に過《す》ぎないことが多い。結果的《けつかてき》に、自分を高める智慧にはならず、かえって今の自分への執着《しゅうちゃく》を増《ま》し、迷《まよ》いを深《ふか》めるだけに終《お》わりやすい。

もちろん、東西の多くの宗教や思想《しそう》では、今の自分を超える何らかの精神的《せいしんてき》なものの不滅を唱《とな》えています。そのような思想《しそう》は、死《し》について何らかの安心感《あんしんかん》を与《あた》える効果《こうか》はあるでしょう。しかし、生き方を高める最高の智慧《ちえ》に行き着かなければ、先ほど述《の》べた、自己執着《じこしゅうちゃく》の迷《まよ》いと老苦《ろうく》・死苦《しく》に縛《しば》られた生き方に堕《だ》しやすいのです。

釈尊《しゃくそん》は、如来《にょらい》の生命が死後《しご》に続くのか、続かないのかと問われて、どちらとも答えなかったと伝《つた》えられています〈注12〉。どちらに答えても、相手を高めるための教《おし》えにはならず、むしろ死をめぐる迷いと苦《く》しみを深《ふか》める結果《けっか》になりかねないからです。

大聖人は「佐渡御書《さどごしょ》」で、仏法のために身命《しんみょう》を惜《お》しまないという「生き方」を、弾圧下《だんあつか》の門下《もんか》たちに示《しめ》されました。すなわち「我《わ》が身命を惜しまない」という覚悟《かくご》ある生き方を教えられ、「正法《しょうほう》を惜しむ」という確《かく》たる生き方の根本基準《こんぽんきじゅん》を示されました。これによって、死をめぐる迷いと苦しみの根本にある偏狭《へんきょう》な「自己執着」を打《う》ち破《やぶ》り、死をめぐる迷いと苦しみから門下たちを実質的《じっしつてき》に解放《かいほう》することを目指《めざ》されたと拝《はい》することができます。

死苦からの解放がなければ、真《しん》の幸福はありません。そして、死苦からの解放は、観念《かんねん》ではなしえない。生《せい》と死が宇宙《うちゅう》そのものの永遠《えいえん》にして大いなるリズムであり、そのリズムを生きる大いなる自分自身を発見《はっけん》し、それをわが生命を支《ささ》える根源的躍動《こんげんてきやくどう》として実感《じっかん》しえたときに、死苦《しく》を乗《の》り越《こ》えることができるのです。その生命解放《かいほう》の道こそが、自行化他《じぎょうけた》にわたる南無妙法蓮華経です。そして、その根本《こんぽん》の生死観《しょうじかん》を説《と》くのが本抄です。

妙法蓮華経の生死

本抄では、「妙《みょう》は死」「法は生《せい》」と説かれ、妙法そのものが生死の二法《にほう》であると言われています。また、あらゆる生命、あらゆる現象《げんしょう》が「生死の二法」であるとも言われ、しかも、それらすべてが「妙法蓮華経の生死」〈注13〉であると明《あ》かされている。

これは、生死が本有《ほんぬ》〈注14〉の法であることを示《しめ》されています。それによって、生死を厭《いと》う誤《あやま》り、あるいは生と死のどちらか一方に執着《しゅうちゃく》する誤りに陥《おちい》らないようにされているのです。

妙法は永遠《えいえん》の法であり、無限《むげん》の法です。この永遠の法そのものに「生死の二法」が含《ふく》まれているのです。言《い》い換《か》えれば、「生死の二法」は永遠の法のリズムそのものであり、無《む》数《すう》の生命の生死、あらゆる現象の起滅《きめつ》、種々《しゅじゅ》の次元《じげん》の因果《いんが》、そして宇宙《うちゅう》全体の調和《ちょうわ》と躍動《やくどう》として現《あらわ》れてくるのです。この「妙法蓮華経の生死《しょうじ》」こそ、私たちの生命の根本《こんぽん》の一大事《いちだいじ》なのです。真《しん》の幸福は、この大いなる生死を生きる以外にないからです。

「成仏《じょうぶつ》の血脈《けつみゃく》」を伝《つた》える仏法の師弟《してい》

以上、本抄の主題《しゅだい》の一つであり、題名《だいめい》にもなっている「生死一大事」の意義《いぎ》を概観《がいかん》しました。

次に、やはり主題であり題名にもなっている「血脈」の意義について、本抄の概要《がいよう》をたどりながら確認《かくにん》していきたい。本抄では、冒頭《ぼうとう》に「生死一大事」の法は「妙法蓮華経」であり、それは釈迦《しゃか》・多宝《たほう》〈注15〉から上行菩薩《じょうぎょうぼさつ》〈注16〉に受《う》け継《つ》がれた「血脈」によって伝えられると仰《おお》せられています（御文①参照）。

先に述《の》べたように、仏法のために身命《しんみょう》を惜《お》しまないという「生き方」「行動」によってのみ、妙法蓮華経は生死一大事の法として伝えられるのです。それゆえ、その生き方、行動を担《にな》い、示《しめ》す「師《し》」として「上行菩薩《じょうぎょうぼさつ》」の名を挙《あ》げられ、この師との師弟不二《していふに》の信心によってのみ「生死一大事《しょうじいちだいじ》の血脈《けつみやく》」が成《な》り立《た》つことを示されているのです。

それに引き続いて、妙法そのものが「生死の二法《にほう》」であり、あらゆる生命の生死、あらゆる現象《げんしょう》の起滅《きめつ》が「妙法蓮華経の生死」であることが示されていきます。十界《じっかい》の衆生《しゅじょう》も、釈迦《しゃか》・多宝《たほう》の二仏《にぶつ》も、「妙法蓮華経の生死」にほかなりません（御文②～④参照）。

そして、以上のことを踏《ふ》まえて、大聖人は「久遠実成《くおんじつじょう》の釈尊《しゃくそん》」〈注17〉と「皆成仏道《かいじょうぶつどう》の法

御　文

①夫《そ》れ生死一大事血脈《しょうじいちだいじけつみやく》とは所謂《いわゆる》妙法蓮華経是《これ》なり、其《そ》の故《ゆえ》は釈迦多宝《しゃかたほう》の二仏宝塔《にぶつほうとう》の中にして上行菩薩《じょうぎょうぼさつ》に譲《ゆず》り給《たま》いて此《こ》の妙法蓮華経の五字過去遠遠劫《かこおんのんごう》より已来《このかた》寸時《すんじ》も離《はな》れざる血脈なり（全一三三六㌻・新一七七四㌻）
②妙《みよう》は死《し》 法は生《せい》なり此《こ》の生死《しょうじ》の二法《にほう》が十界《じっかい》の当体《とうたい》なり又《また》此れを当体蓮華《れんげ》とも云《い》うなり（全一三三六㌻・新一七七四㌻）
③是《か》くの如《ごと》く生死《しょうじ》も唯《ただ》妙法蓮華経の生死なり（全一三三七㌻・新一七七四㌻）
④釈迦多宝《しゃかたほう》の二仏《にぶつ》も生死《しょうじ》の二法《にほう》なり（全一三三七㌻・新一七七四㌻）

華経」〈注18〉と「我等衆生《われらしゆじよう》」との三つは妙法蓮華経として全《まつた》く差《さ》別《べつ》が無《な》いと宣言《せんげん》されました。そして、そのことを明確《めいかく》に信じて妙法蓮華経と唱《とな》える信心においてのみ、生死一大事《しようじいちだいじ》の血脈《けつみやく》が受《う》け継《つ》がれると明《あ》かされています。

真実《しんじつ》の「仏《ほとけ》」も、成仏《じようぶつ》の「法」も、ともに妙法蓮華経であり、しかも、私たち自身の「己《こ》心《しん》」の外《ほか》にあるものではないと信じて題目《だいもく》を唱える信心こそが、大聖人の仏法における根《こん》本的《ぽんてき》な実践《じつせん》である妙法蓮華経の受持《じゆじ》の肝要《かんよう》なのです（御文⑤参照）。

さらに大聖人は、この信心の肝要を「生死」の問題に即《そく》し、「臨終只今《りんじゆうただいま》〈注19〉にあり」という信心の姿勢《しせい》として教《おし》えられています（御文⑥参照）。今、死《し》に臨《のぞ》んでも悔《く》いがなく、死苦《しく》を悠々《ゆうゆう》と乗《の》り越《こ》えていけるような本当の信心を、瞬間《しゆんかん》瞬間、貫《つらぬ》いていくことです。

そして、そのような本当の信心を今世《こんぜ》の最後まで貫き通していくとき、過去世《かこせ》・現在《げんざい》世《せ》・未来世《みらいせ》の三世《さんぜ》にわたる法華経受持が成《な》り立《た》つ。そこに、その人における法華経の血脈相承《そうじよう》があると言われています（御文⑦参照）。

今世において正《ただ》しき信心を最後まで「持続《じぞく》」するとき、三世にわたる生死の繰《く》り返《かえ》しが生死一大事《しようじいちだいじ》の血脈《けつみやく》として一貫《いつかん》し、まさしく「妙法蓮華経の生死」となって現《あらわ》れてくるのです。ゆえに、「今世《こんぜ》の持続《じぞく》」「生涯《しょうがい》の持続」が大切です。広宣流布《こうせんるふ》に生《い》き抜《ぬ》き、最後まで信心の正念《しょうねん》が貫《つらぬ》かれたとき、その姿《すがた》それ自体《じたい》が「一生成仏《いっしょうじょうぶつ》」です。そのとき、死《し》は「生《せい》の断《だん》絶《ぜつ》」ではなく、「生の完成《かんせい》」になるのです。それは、「より深《ふか》く、より新しい生への旅立《たびだ》ち」でもあります。そのような死に、恐《おそ》れや不安《ふあん》が微塵《みじん》もあるはずがありません。まさに「生も歓喜《かんき》、死も歓喜」なのです。

御文

⑤然《しか》れば久遠実成《くおんじつじょう》の釈尊《しゃくそん》と皆成仏道《かいじょうぶつどう》の法華経と我等衆生《われらしゅじょう》との三つ全《まった》く差別《さべつ》無《な》しと解《さと》りて妙法蓮華経と唱《とな》え奉《たてまつ》る処《ところ》を生死一大事《しょうじいちだいじ》の血脈《けつみゃく》とは云《い》うなり（全一三三七ページ・新一七七四ページ）

⑥所詮臨終只今《しょせんりんじゅうただいま》にありと解《さと》りて信心を致《いた》して南無妙法蓮華経と唱《とな》うる人を「是人命終為千仏授手《ぜにんみょうじゅういせんぶつじゅしゅ》・令不恐怖不堕悪趣《りょうふくふふだあくしゅ》」と説《と》かれて候《そうろう》（全一三三七ページ・新一七七五ページ）

⑦過去《かこ》の生死《しょうじ》・現在の生死・未来《みらい》の生死・三世《さんぜ》の生死に法華経を離《はな》れ切《き》れざるを法《ほっ》華《け》の血脈相承《けつみゃくそうじょう》とは云《い》うなり（全一三三七ページ・新一七七五ページ）

広宣流布《こうせんるふ》の大願《だいがん》と師弟《してい》

以上の本抄前半《ぜんはん》では、私たち一人《ひとり》ひとりが妙法蓮華経を受持《じゅじ》して、上行菩薩《じょうぎょうぼさつ》の弟子《でし》、すなわち地涌《じゆ》の菩薩〈注20〉としての信心を確立《かくりつ》していくための要件《ようけん》を示《しめ》されていると拝《はい》することができる。

本抄の後半《こうはん》は、この妙法受持の信心を万人《ばんにん》に弘《ひろ》めていく「広宣流布」の実践《じっせん》に焦点《しょうてん》が移《うつ》っていきます。すなわち、「広宣流布の大願」を立て、「異体同心《いたいどうしん》〈注21〉」で南無妙法蓮華経と唱《とな》えるところに生死一大事《しょうじいちだいじ》の血脈《けつみゃく》が流《なが》れ通《かよ》うのであり、大聖人の弘通《ぐつう》の目的も、この「広宣流布」の戦《たたか》いにあると仰《おお》せです（御文⑧参照）。

「広宣流布の大願」とその「成就《じょうじゅ》」――この一点を見据《みす》えた時、「師弟の絆《きずな》」と「異体同心の団結《だんけつ》」が何よりも重要《じゅうよう》になるのです。さらに、大聖人が開《ひら》かれた末法《まっぽう》広宣流布の道にこそ、一切衆生《いっさいしゅじょう》が仏《ほとけ》に成《な》る血脈があることを宣言《せんげん》されます（御文⑨参照）。

そして、大聖人の弟子《でし》として難《なん》を乗《の》り越《こ》えた最蓮房《さいれんぼう》〈注22〉との深《ふか》い師弟《してい》の宿縁《しゅくえん》を強調《きょうちょう》されています（御文⑩参照）。師と同じ大願《だいがん》に立ち、大難《だいなん》があっても師と同じく身命《しんみよう》を惜《お》しまずに戦《たたか》っていく。そこに、末法広宣流布《まつぽうこうせんるふ》における師弟不二《ふに》の道があります。

この日蓮仏法の大道《だいどう》を現代に蘇《よみがえ》らせて、世界を結《むす》ぶ道として創《つく》りあげたのが、創価の師

御　文

⑧総《そう》じて日蓮が弟子檀那《でしだんな》等・自他彼此《じたひし》の心なく水魚《すいぎよ》の思《おもい》を成《な》して異体同心《いたいどうしん》にして南無妙法蓮華経と唱《とな》え奉《たてまつ》る処《ところ》を生死一大事《しようじいちだいじ》の血脈《けつみやく》とは云《い》うなり、然《しか》も今《いま》日蓮が弘通《ぐつう》する処の所詮是《しよせんこれ》なり、若《も》し然らば広宣流布《こうせんるふ》の大願《だいがん》も叶《かな》うべき者か（全一三三七㌻・新一七七五㌻）

⑨日本国の一切衆生《いつさいしゆじよう》に法華経を信ぜしめて仏《ほとけ》に成《な》る血脈《けつみやく》を継《つ》がしめんとするに・還《かえ》つて日蓮を種種《しゆじゆ》の難《なん》に合《あわ》せ結句此《けつくこ》の島《しま》まで流罪《るざい》す、而《しか》るに貴辺《きへん》・日蓮に随順《ずいじゆん》し又《また》難に値《あ》い給《たも》う事《こと》・心中思《しんちゆうおも》い遣《や》られて痛《いたま》しく候《そうろう》ぞ（全一三三七㌻・新一七七六㌻）

⑩過去《かこ》の宿縁追《しゆくえんお》い来《きた》つて今度《こんど》日蓮が弟子《でし》と成《な》り給《たも》うか・釈迦多宝《しやかたほう》こそ御存知候《ごぞんじそうろう》らめ、「在在諸仏土常与師倶生《ざいざいしよぶつどじようよしぐしよう》」よも虚事候《そらごとそうら》はじ（全一三三八㌻・新一七七六㌻）

弟です。法体《ほったい》の広宣流布《こうせんるふ》〈注23〉の師匠《ししょう》は、末法万年《まっぽうまんねん》の一切衆生《いっさいしゅじょう》を救《すく》う南無妙法蓮華経を顕《あらわ》され、弘通《ぐつう》する方軌《ほうき》を残《のこ》された、末法の御本仏《ごほんぶつ》・日蓮大聖人です。この大聖人に直結《ちょっけつ》して、大難《だいなん》を乗《の》り越《こ》えつつ、日蓮仏法を全世界に弘《ひろ》めてきた仏意仏勅《ぶついぶっちょく》の和合僧団《わごうそうだん》〈注24〉が創価学会です。

広宣流布――それは、全民衆《ぜんみんしゅう》が死苦《しく》を乗り越え、真実《しんじつ》の幸福の人生と真実の世界の平和を実現していく戦《たたか》いです。これこそ、大聖人の弘通の所詮《しょせん》なのです。

その精神《せいしん》を完璧《かんぺき》に受《う》け継《つ》ぎ、まさに殉教《じゅんきょう》の姿《すがた》で不惜身命《ふしゃくしんみょう》の信心を示《しめ》し切《き》ったのが初代会長の牧口先生です。

そして、牧口先生と不二《ふに》の戦いを貫《つらぬ》き、創価の理念《りねん》と実践《じっせん》を確立《かくりつ》し、異体同心《いたいどうしん》の和合僧の骨格《こっかく》を作り上げたのが、第二代会長の戸田先生です。

私も、この師弟《してい》の大道《だいどう》を一筋《ひとすじ》に走り、日蓮仏法の精髄《せいずい》である人間主義と平和主義を掲《かか》げ、内外《ないがい》にわたる対話行動を通して、仏法の心を全世界に広げてきました。

この初代、二代、三代の歩《あゆ》んだ道が、全世界に仏法の理念と実践を伝《つた》える血脈《けつみゃく》となって生き生きと流《なが》れ通《かよ》っていくならば、現代の広宣流布《こうせんるふ》の基礎《きそ》が完成《かんせい》したことになります。

血脈《けつみゃく》の本義《ほんぎ》＝「信心の血脈」

本抄の結《むす》びでは「信心の血脈」を強調《きょうちょう》されています（御文⑪⑫参照）。「信心の血脈なくんば法華経を持《たも》つとも無益《むやく》なり」（全一三三八㌻・新一七七七㌻）。今からちょうど五十年前。恩師《おんし》・戸田先生は、常勝《じょうしょう》の天地《てんち》・関西の地で、本抄を講義されました〈注25〉。

御文

⑪只《ただ》南無妙法蓮華経釈迦《しゃか》多宝上行菩薩《たほうじょうぎょうぼさつ》血脈相承《けつみゃくそうじょう》と修行《しゅぎょう》し給《たま》へ（全一三三八㌻・新一七七六㌻）

⑫相構《あいかま》え相構えて強盛《ごうじょう》の大信力《だいしんりき》を致《いた》して南無妙法蓮華経・臨終正念《りんじゅうしょうねん》と祈念《きねん》し給《たま》へ、生死一大事《しょうじいちだいじ》の血脈此《こ》れより外《ほか》に全《まった》く求《もと》むることなかれ、煩悩即菩提《ぼんのうそくぼだい》・生死即涅槃《ねはん》とは是《これ》なり、信心の血脈なくんば法華経を持《たも》つとも無益《むやく》なり（全一三三八㌻・新一七七七㌻）

そこで先生は、愛すべき関西の一人一人《ひとり》に、〝信心の血脈《けつみゃく》を根幹《こんかん》に本当の幸福の境涯《きょうがい》に入ってください〟、そしてまた〝人々を本当の幸福の境涯に入れてください〟と、大情熱《だいじょうねつ》の講義をされました。

まさしく、師《し》とともに妙法弘通《ぐつう》の歓喜《かんき》の実践《じっせん》を誓《ちか》ってこそ、生死一大事《しょうじいちだいじ》の血脈が現実社会の中で流《なが》れ広がっていくのです。

世界中に地涌《じゆ》のスクラムが誕生《たんじょう》した今、人類《じんるい》の「生死革命《かくめい》」が成《な》し遂《と》げられ、平和と人《じん》道《どう》と幸福の血脈が滔々《とうとう》と流れ、全人類の境涯革命が成し遂げられていくことを、私は深《ふか》く確信《かくしん》しています。そして、この尊《とうと》き使命《しめい》を世界の同志《どうし》に託《たく》します。わが門下《もんか》を信じます。なかんずく青年に頼《たの》みます。

注

〈注1〉釈尊《しゃくそん》は、断見《だんけん》と常見《じょうけん》を離《はな》れるところに中道《ちゅうどう》があり、真実《しんじつ》の正《ただ》しい生き方となると説《と》いた。

〈注2〉**【一大事因縁《いちだいじいんねん》】** 法華経方便品《ほうべんぽん》では「諸仏世尊《しょぶつせそん》は唯一大事《ただいちだいじ》の因縁《いんねん》を以《もっ》ての故《ゆえ》に、世《よ》に出現《しゅつげん》したまえばなり」（法華経一二〇ジペー）と、仏《ほとけ》がこの世に出現した真《しん》の目的は一大事因縁を説《と》くことにあると示《しめ》し、その内実《ないじつ》として、一切衆生《いっさいしゅじょう》の内《うち》に秘《ひ》められた仏知見《ぶっちけん》（仏の智慧《ちえ》、仏界《ぶっかい》）を開《ひら》かせ、示し、悟《さと》らせ、仏知見を覚知《かくち》する道に入らせること（開示悟入《かいじごにゅう》の四仏知見）であると明《あ》かしている。

〈注3〉【仏知見《ぶっちけん》】仏《ほとけ》の知見《ちけん》、仏の悟《さと》りの智慧《ちえ》の境涯《きょうがい》、仏界《ぶっかい》、仏性《ぶっしょう》のこと。

〈注4〉【縁起《えんぎ》】仏教の基本思想《きほんしそう》の一つで、縁によって起《お》こるということ。此《こ》れがあるから彼《かれ》があるという相互関連性《そうごかんれんせい》、苦悩《くのう》の原因《げんいん》の連鎖《れんさ》を説《と》く十二支《し》縁起、あらゆるものごとに具《そな》わる因《いん》が縁にふれて果《か》を生み出し生成《せいせい》・変化・消滅《しょうめつ》することなど、さまざまに展開《てんかい》される。このうち、十二支縁起は、苦悩の原因を順《じゅん》に探究《たんきゅう》しその根源《こんげん》に至《いた》り、苦悩の根本的《こんぽんてき》な解決法《かいけつほう》として明《あ》かされ、初期経典《しょききょうてん》では、それが十二段階《だんかい》の原因探究（十二因縁《いんねん》）としてまとめて説かれる。十二段階とは、最《もっと》も根源的なものから、無明《むみょう》・行《ぎょう》・識《しき》・名色《みょうしき》・六入《ろくにゅう》・触《そく》・受《じゅ》・愛《あい》・取《しゅ》・有《う》・生《しょう》・老死《ろうし》である。

〈注5〉【無明《むみょう》】生命の根源的《こんげんてき》な無知《むち》、究極《きゅうきょく》の真実《しんじつ》を明《あ》かした妙法を信じられず理解《りかい》できない癡《おろ》かさ。また、その無知から起《お》こる暗《くら》い衝動《しょうどう》。

〈注6〉【断見《だんけん》と常見《じょうけん》】断見とは、生命は永遠《えいえん》ではなく、死《し》ねば完全に消滅《しょうめつ》してしまうという見解《けんかい》。常見とは、死んでも永遠に不滅《ふめつ》で不変《ふへん》の霊魂《れいこん》が続くという見解。釈尊《しゃくそん》はいずれの見解も偏《かたよ》った見解であるとして退《しりぞ》け、これらを離《はな》れたところに真実《しんじつ》の歩《あゆ》むべき道があると説《と》いた。

〈注7〉【三千大千世界《さんぜんだいせんせかい》】須弥山《しゅみせん》を中心に、太陽、月、四洲《ししゅう》、六欲天《ろくよくてん》、梵天《ぼんてん》等を包含《ほうがん》するものを小《しょう》世界と称《しょう》し、それが一千（あるいは「百億《おく》」とする説《せつ》もある）集まったものを小千世界、小千世界が千集まったものを中《ちゅう》千世界、そしてその中千世界が千集まったものを大千世界と呼《よ》ぶ。小千、中千、大千の三種の区別《くべつ》がある故《ゆえ》、総称《そうしょう》して三千大千世界という。

〈注8〉【雪山童子《せっせんどうじ》】釈尊《しゃくそん》が過去世《かこせ》で修行《しゅぎょう》していた時の名。雪山でバラモンとして菩薩《ぼさつ》の修行をしていた折、帝釈天《たいしゃくてん》が羅刹《らせつ》に変《へん》じてその求道《きゅうどう》の心《こころ》を試みたが、我《わ》が身《み》を布施《ふせ》として法を求《もと》めたので、帝釈は、未来《みらい》に必《かなら》ず成仏《じょうぶつ》すると賛嘆《さんたん》した。

〈注9〉【楽法梵志《ぎょうぼうぼんじ》】釈尊《しゃくそん》が過去世《かこせ》で菩薩道《ぼさつどう》を修行《しゅぎょう》した時の名。法を楽《ねが》い求《もと》める者との意《い》の名。楽法が菩薩道を修行中、仏《ほとけ》に会えず、四方《しほう》に法を求めて得《え》られなかった時、バラモンに変《へん》じた魔《ま》が、身《み》の皮《かわ》を紙《かみ》とし、骨《ほね》を筆《ふで》とし、血《ち》をもって墨《すみ》として書写《しょしゃ》するならば、仏の一偈《いちげ》を教《おし》えようと言った。楽法は、その通りにしたところ、魔は姿《すがた》を消《け》した。その時、仏が出現《しゅつげん》して教えを説《と》いた。

〈注10〉「若《も》し発心《ほっしん》して阿耨多羅三藐三菩提《あのくたらさんみゃくさんぼだい》を得《え》んと欲《ほっ》すること有《あ》らば、能《よ》く手《て》の指《ゆび》、乃至《ないし》足《あし》の一指《いっし》を燃《も》やして、仏塔《ぶっとう》に供養《くよう》せよ。国城《こくじょう》・妻子《さいし》、及《およ》び三千大千国土《さんぜんだいせんこくど》の山林《せんりん》・河池《がち》、諸《もろもろ》の珍宝物《ちんぽうもつ》を以《もっ》て供養《くよう》せん者《もの》に勝《まさ》らん」（法華経五九三㌻）

〈注11〉「魚《うお》は命《いのち》を惜《お》しむ故《ゆえ》に池《いけ》にすむ《栖》に池の浅《あさ》き事《こと》を歎《なげ》きて池の底《そこ》に穴《あな》をほりてすむしかれどもゑ《餌》に

ばかされて釣《つり》をのむ鳥は木にすむ木のひきき《低》事をおじて木の上枝《ほつえ》にすむしかれどもゑにばかされて網《あみ》にかかる、人も又是《またか》くの如《ごと》し世《せ》間《けん》の浅き事には身命《しんみよう》を失《うしな》へども大事の仏法なんどには捨《すつ》る事難《かた》し故に仏《ほとけ》になる人もなかるべし」（全九五六ページ・新一二八五ページ）

〈注12〉中部経典《ちゆうぶきようてん》には、如来《によらい》の生命は死後《しご》に続くのか世界が常住《じようじゆう》であるか否《いな》か、身体《しんたい》と霊魂《れいこん》は一つか別物《べつもの》かなどという、極《きわ》めて形而上学的《けいじじようがくてき》で議論《ぎろん》の明瞭《めいりよう》な根拠《こんきよ》や方法のない問いに対して、釈尊《しやくそん》は、捨《す》て置《お》いて明確《めいかく》な答えを与《あた》えなかったことが説《と》かれている。

〈注13〉**【妙法蓮華経の生死《しようじ》】** 宇宙《うちゆう》と生命を貫《つらぬ》く根源《こんげん》の法である妙法蓮華経には、生《せい》と死《し》が本来的《ほんらいてき》に具《そな》わっていること。また妙法蓮華経は十界具《じつかいぐ》足《そく》の法であるから、妙法蓮華経の当体《とうたい》である万物《ばんぶつ》は十界の生死の様相《ようそう》を現《げん》じる。したがって、九界《きゆうかい》の迷《まよ》いの生死を営《いとな》む者も、仏界《ぶつかい》の生死へと転《てん》換《かん》できる。

〈注14〉**【本有《ほんぬ》】** 生命に本来的《ほんらいてき》に具《そな》わっていること。

〈注15〉**【釈迦《しやか》・多宝《たほう》】** 虚空会《こくうえ》の宝塔《ほうとう》の中に並《なら》び座《すわ》った二仏《にぶつ》。釈迦仏とは、法華経の教主《きようしゆ》・釈尊《しやくそん》のことで、寿量品《じゆりようほん》では、久遠《くおん》の過去《かこ》に成仏《じようぶつ》（久遠実成《じつじよう》）して以来、娑婆《しやば》世《せ》界《かい》等で説法《せつぽう》・教化《きようけ》し続ける永遠《えいえん》の仏《ほとけ》が本地《ほんち》であることが明《あ》かされる。多宝仏とは、遠い過去に成仏した古仏《こぶつ》で、法華経が説《と》かれるところに宝塔とともに出現《しゆつげん》するという誓《ちか》いを立て、釈尊の法華経の会座《えざ》に出現して、法華経が真実《しんじつ》であることを証明《しょうめい》した。また、この虚空会の儀式《ぎしき》で、上行菩薩《じょうぎょうぼさつ》をはじめとする地《じ》涌《ゆ》の菩薩に釈尊滅後《めつご》の娑婆世界における法の弘通《ぐつう》が託《たく》された。

〈注16〉【上行菩薩《じょうぎょうぼさつ》】法華経従地涌出品《じゅうじゆじゅっぽん》第十五で、釈尊《しゃくそん》が滅後《めつご》の弘通《ぐつう》を託《たく》すために呼《よ》び出《だ》した久遠《くおん》の弟子《でし》である地涌《じゆ》の菩薩の上首《じょうしゅ》。神力品《じんりきほん》第二十一では、地涌の菩薩の代表として釈尊から別付嘱《べっふぞく》を受けた。

〈注17〉【久遠実成《くおんじつじょう》の釈尊《しゃくそん》】法華経本門《ほんもん》で本来《ほんらい》、真実《しんじつ》の姿《すがた》を明《あ》かした釈尊。五百塵点劫《ごひゃくじんてんごう》という久遠の昔《むかし》から成仏《じょうぶつ》しており、種々《しゅじゅ》の身《み》を現《げん》じて生死《しょうじ》の姿を示《しめ》しながら、永遠《えいえん》に人々の救済《きゅうさい》を続ける普《ふ》遍《へん》の仏《ほとけ》。

〈注18〉【皆成仏道《かいじょうぶつどう》の法華経】万人《ばんにん》の生命に本来的《ほんらいてき》に仏性《ぶっしょう》が具《そな》わることを明《あ》かし、あらゆる人がそれを開《ひら》き仏道《ぶつどう》を成就《じょうじゅ》して成仏《じょうぶつ》する道を明かした法華経。

〈注19〉【臨終只今《りんじゅうただいま》】臨終が今、この瞬間《しゅんかん》にあること。たとえ臨終が今、この瞬間であっても悔《く》いのないよう、心構《こころがま》えをもち、行動している姿勢《しせい》。

〈注20〉【地涌《じゆ》の菩薩《ぼさつ》】法華経従地涌出品《じゅうじゆじゅっぽん》第十五で、釈尊《しゃくそん》が滅後《めつご》における法華経弘通《ぐつう》を託《たく》すに当《あ》たり、他の弟子《でし》たちを退《しりぞ》けて呼《よ》び出《だ》した久遠《くおん》の昔《むかし》から教化《きょうけ》してきた弟子である菩薩。大地の下から涌《ゆ》出《じゅっ》してきたので地涌の菩薩という。その数は無量千万億《むりょうせんまんおく》とされ、それぞれが六万恒河《ろくまんごうが》沙《しゃ》（ガンジス川の砂《すな》の数の六万倍）等の眷属《けんぞく》を率《ひき》いるリーダーであると説《と》かれる。

〈注21〉**【異体同心《いたいどうしん》】**姿形《すがたかたち》、立場や社会的地位《ちい》などが異《こと》なっていても、同じ心、目的観に立ち一致《いっち》団《だん》結《けつ》して行動すること。

〈注22〉**【最蓮房《さいれんぼう》】**本抄を与《あた》えられた人。もと京都に住む天台宗《てんだいしゅう》の学僧《がくそう》であったが、何かのことで佐《さ》渡《ど》に流《なが》され、文永《ぶんえい》九年（一二七二年）二月に大聖人に帰依《きえ》したとされる。本抄は、その直後《ちょくご》に与えられた。このほか「祈禱抄《きとうしょう》」「諸法実相抄《しょほうじつそうしょう》」などの重書《じゅうしょ》を賜《たまわ》っている。

〈注23〉**【法体《ほったい》の広宣流布《こうせんるふ》】**日蓮大聖人が末法《まっぽう》流布の法である三大秘法《さんだいひほう》の南無妙法蓮華経を説《と》き示《しめ》されたこと。これに対して、難《なん》と戦《たたか》い、実際《じっさい》に南無妙法蓮華経を弘《ひろ》めていくことを化儀《けぎ》の広宣流布という。

〈注24〉**【和合僧《わごうそう》】**仏道修行《ぶつどうしゅぎょう》に励《はげ》む人々の集《つど》い。仏法を信奉《しんぽう》し団結《だんけつ》して行動する共同体《きょうどうたい》、教団《きょうだん》。

〈注25〉一九五六年（昭和三十一年）十二月十一日、大阪・中之島《なかのしま》の大阪市中央公会堂で。

第2回

真実《しんじつ》の血脈《けつみゃく》

——妙法の智水《ちすい》を流《なが》れ通《かよ》わし全人類《ぜんじんるい》を生死《しょうじ》の苦《く》から救《すく》う

御文

御状委細披見《ごじょういさいひけん》せしめ候《そうら》い畢《おわ》んぬ、夫《そ》れ生死一大事《いちだいじ》血脈とは所謂《いわゆる》妙法蓮華経是《これ》なり、其《そ》の故《ゆえ》は釈迦多宝《しゃかたほう》の二仏宝塔《にぶつほうとう》の中にして上行菩薩《じょうぎょうぼさつ》に譲《ゆず》り給《たま》いて此《こ》の妙法蓮華経の五字過去遠遠劫《かこおんのんごう》より已来《このかた》寸時《すんじ》も離《はな》れざる血脈なり（全一三三六ページ・新一七七四ページ）

通解

お手紙を詳《くわ》しく拝見《はいけん》しました。

あなたがお尋《たず》ねになった「生死一大事血脈《しょうじいちだいじけつみゃく》」とは、妙法蓮華経のことである。

そのわけは、この妙法蓮華経の五字は、釈迦《しゃか》・多宝《たほう》の二仏《にぶつ》が宝塔《ほうとう》の中で上行菩薩《じょうぎょうぼさつ》にお譲《ゆず》りになった法であり、過去遠遠劫《かこおんのんごう》より以来、寸時《すんじ》も離《はな》れることのない血脈であるからである。

講義

本抄は、もと天台宗《てんだいしゅう》の学僧《がくそう》で、佐渡《さど》において大聖人に帰依《きえ》したとされる、最蓮房《さいれんぼう》からの質問に対する御返事《ごへんじ》です。この最蓮房からの手紙の中に、当時の天台宗の中で奥義《おうぎ》とされていた「生死一大事血脈」についての質問があったと推察《すいさつ》できます。

「御状委細披見《ごじょういさいひけん》せしめ候《そうら》い畢《おわ》んぬ」（全一三三六ジペー・新一七七四ジペー）

ここで大聖人は「委細」と仰《おお》せられています。あるいは、最蓮房《さいれんぼう》自身が、これまで学《まな》んできたこと、自身が考え、悩《なや》み、行き詰《づ》まったことなどが事細《ことこま》かく書かれていたのかもしれません。いずれにしても、〝お手紙を詳細《しょうさい》に読みました。あなたのご質問もよく分かりました〟との、弟子《でし》に応《こた》えてくださる師匠《ししょう》の慈愛《じあい》が伝《つた》わってくる冒頭《ぼうとう》の一節《いっせつ》です。

妙法蓮華経こそ生死一大事血脈《しょうじいちだいじけつみゃく》の大法《だいほう》

最蓮房の質問に対して、大聖人は、まず最《もっと》も肝要《かんよう》な点を明快《めいかい》に明《あ》かされます。

「生死一大事血脈とは所謂《いわゆる》妙法蓮華経是《これ》なり」（全一三三六ジペー・新一七七四ジペー）

「生《せい》と死《し》」の苦悩《くのう》を根本的《こんぽんてき》に解決《かいけつ》する「生死一大事」の法とは、「妙法蓮華経」以外にない、との御断言《ごだんげん》です。その根拠《こんきょ》として、本抄では二つのことが示《しめ》されていきます。

第一に、釈迦仏《しゃかぶつ》・多宝仏《たほうぶつ》から上行菩薩《じょうぎょうぼさつ》に妙法蓮華経が付嘱《ふぞく》された、法華経の血脈の「正《せい》統性《とうせい》」が示されていきます。今回は、この仰せの意義《いぎ》を拝《はい》していきたいと思います。

第二には、いかなる意味《いみ》で妙法蓮華経が生死《しょうじ》の苦《く》を解決《かいけつ》する大法《だいほう》であるか、について考《こう》察《さつ》されていきます。

その中で、あらゆる生命の生死、あらゆる現象《げんしょう》の起滅《きめつ》が、ことごとく「妙法蓮華経の生死」であることが示《しめ》されております。すなわち、人間の生死を含《ふく》めて、あらゆる生死、あらゆる現象が「妙法蓮華経」という大いなる法自体《じたい》に含まれる変化・生滅《しょうめつ》であることになります。人間の生死の意味も、この大きな観点《かんてん》から深《ふか》く問《と》い直《なお》していく必要《ひつよう》がありますが、この点については次回以降《いこう》に拝察《はいさつ》していきたいと思います。

法華経の血脈《けつみゃく》の正統性《せいとうせい》

さて、妙法蓮華経こそが生死の苦を解決する一大事《いちだいじ》の法であり、その血脈こそが伝《つた》えられるべきであるということを、「血脈の正統性」の面から示されているのが次の一節《いっせつ》です。

「其《そ》の故《ゆえ》は釈迦《しゃか》多《た》宝《ほう》の二《に》仏宝塔《ぶつほうとう》の中にして上行菩薩《じょうぎょうぼさつ》に譲《ゆず》り給《たま》いて」（全一三三六ジペー・新一七七四ジペー）

すなわち、妙法蓮華経こそ、法華経の虚空会《こくうえ》の儀式《ぎしき》において、宝塔《ほうとう》〈注1〉の中に並《なら》び座《すわ》る釈迦仏《しゃかぶつ》・多宝仏《たほうぶつ》より上行菩薩《じょうぎょうぼさつ》へと付嘱《ふぞく》された、仏教の「正統中《せいとうちゅう》の正統の法」であることが明示《めいじ》されています。

法華経では、釈迦・多宝の二仏《にぶつ》を中心として、全宇宙《ぜんうちゅう》の仏・菩薩が参加して虚空会の儀式が行《おこな》われます。まさに、三世《さんぜ》十方《じっぽう》の仏・菩薩が来集《らいしゅう》し、七宝《しっぽう》に輝《かがや》く巨大《きょだい》な宝塔が虚空に浮《う》かび、この宝塔を中心に広がる荘厳《そうごん》な会座《えざ》です。しかし、この儀式が何のために、誰《だれ》のために行われたのかを論《ろん》ずる人は、あまり多くなかった。この問題を、御自身《ごじしん》と関係づけて主体的《しゅたいてき》に読まれたのは、日蓮大聖人ただお一人《ひとり》です。

虚空会の儀式が何のために行われたのか。それは、「万人《ばんにん》の成仏《じょうぶつ》」という仏《ほとけ》の大願《だいがん》を実現するためである。そして、そのためには、どうしても仏の滅後《めつご》の悪世《あくせ》の衆生《しゅじょう》を成仏させていかねばなりません。その戦《たたか》いを担《にな》う使命《しめい》を地涌《じゆ》の菩薩に託《たく》す儀式が、虚空会の儀式です。

成仏とは、生死《しょうじ》の苦《く》を克服《こくふく》していくことにほかなりません。したがって、全民衆《ぜんみんしゅう》の成仏の戦いを託す虚空会の儀式にこそ、「生死一大事《いちだいじ》の大法《だいほう》」を伝《つた》える「正統の血脈《けつみゃく》」があるのです。

本抄の冒頭部分《ぼうとうぶぶん》で、生死一大事血脈《しょうじいちだいじけつみゃく》の法が妙法蓮華経であると示《しめ》された後、この根拠《こんきょ》として上行《じょうぎょう》への付嘱《ふぞく》が取り上げられているのも、まさに妙法蓮華経の血脈の「正統性《せいとうせい》」を示すためであると拝《はい》されます。この点を、「釈迦仏《しゃかぶつ》」「多宝仏《たほうぶつ》」そして「上行菩薩《ぼさつ》」がそれぞれ担《にな》う役割《やくわり》を拝察《はいさつ》することで、明示《めいじ》してみたいと思います。

釈迦・多宝・上行が担う役割

①釈迦仏＝法の「正《ただ》しさ」「適切《てきせつ》さ」

第一に、付嘱の儀式《ぎしき》にあって法が「誰《だれ》から」付嘱されたのか、という点が重要《じゅうよう》になります。

すなわち、娑婆世界《しゃばせかい》〈注2〉の仏《ほとけ》であり、かつ永遠《えいえん》の仏である久遠実成《くおんじつじょう》の「釈迦仏」から伝《つた》えられる法でなければ、娑婆世界の人を生死の苦《く》から救《すく》う正当《せいとう》の法とは言えません。

寿量品《じゅりょうほん》に示されるように、釈尊自身《しゃくそん》が「永遠の妙法」と一体化《いったいか》した「永遠の仏」である。しかも、釈尊《しゃくそん》が現実の娑婆《しゃば》世界《せかい》に法を弘通《ぐつう》するために戦《たたか》い続ける仏《ほとけ》であるからこそ、釈尊から付嘱《ふぞく》される「法」が、娑婆世界の万人《ばんにん》を生死《しょうじ》の苦《く》から救《すく》い、成仏《じょうぶつ》せしめていく根《こん》源《げん》の法であると信受《しんじゅ》することができます。

いわば、久遠《くおん》の釈尊から妙法蓮華経が付嘱されることで、救済《きゅうさい》の法としての「正《ただ》しさ」「適切《てきせつ》さ」が明《あき》らかになった、といえます。

②多宝仏《たほうぶつ》=法の「普遍性《ふへんせい》」

第二に、過去仏《かこぶつ》である「多宝仏」は、法華経の真理《しんり》の普遍性を証明《しょうめい》する存在です。多宝仏は、法華経が説《と》かれるところに必《かなら》ず出現《しゅつげん》して、法華経が真実《しんじつ》であることを証明する役割《やくわり》を担《にな》っていると説かれています。この多宝如来《にょらい》が釈尊と共に並《なら》んでいる中で、付嘱の儀式《ぎしき》が行《おこな》われる。

いわば、多宝仏が存在していることで、釈迦仏から上行菩薩《じょうぎょうぼさつ》に付嘱される妙法蓮華経に、真理としての「普遍性」が備《そな》わっていることが明らかになった、といえます。

③上行菩薩《じょうぎょうぼさつ》=根本法《こんぽんほう》を我《わ》が生命に所持《しょじ》し、顕《あらわ》し、弘《ひろ》める「主体的実践者《しゅたいてきじっせんしゃ》」

そして、第三は、滅後《めつご》に妙法蓮華経を弘通《ぐつう》する主体者の存在です。なぜ、付嘱《ふぞく》する相手が上行菩薩でなければならなかったのか。迹化《しゃつけ》・他方《たほう》の菩薩〈注3〉が斥《しりぞ》けられたのはなぜか、という主題《しゅだい》でもあります。

迹化・他方の菩薩は確《たし》かに壮麗《そうれい》な姿《すがた》をした菩薩であり、民衆《みんしゅう》から仰《あお》ぎ見られるべき尊貴《そんき》な存在です。しかし、久遠《くおん》の仏《ほとけ》から化導《けどう》されておりません。ということは、「久遠の法」を所持していないことを意味《いみ》するのです。あくまでも、始覚《しかく》〈注4〉の成仏観《じょうぶつかん》、すなわち厭離断九《おんりだんく》〈注5〉の成仏観に生きる菩薩であり、十界互具《じっかいごぐ》〈注6〉の体現者《たいげんしゃ》ではなかったから斥けられたのです。

わかりやすく言えば、色相荘厳《しきそうしょうごん》〈注7〉の菩薩である限《かぎ》り、仰ぎ見られる存在ではあっても、民衆の仏性《ぶつしょう》を触発《しょくはつ》し、成仏させていくという、真《しん》の意味で民衆を救《すく》うリーダーにはなりえないということです。その意味で、地涌《じゆ》の菩薩は、根本の成仏観が迹化・他方の菩薩とは大きく違《ちが》っていたと言える。

成仏の根本法は、生命本有《ほんぬ》の法です。したがって、人間対人間の関係の中で、生命を触発していくことによってしか伝《つた》えることができないのです。

また法華経の教相《きょうそう》〈注8〉から言っても、上行菩薩《じょうぎょうぼさつ》が、久遠《くおん》以来の釈尊《しゃくそん》の弟子《でし》として鍛《きた》え抜《ぬ》かれて、身《み》に「久遠の法」を所持《しょじ》している菩薩であることが示《しめ》されます。

この「上行菩薩」の戦《たたか》いを先駆《せんく》として、「地涌《じゆ》の菩薩」によって弘《ひろ》められてこそ、妙法蓮華経が全民衆《ぜんみんしゅう》を生死《しょうじ》の苦《く》から救《すく》う「生死一大事《いちだいじ》の法」でありうるのです。

以上、「法の正《ただ》しさと適切《てきせつ》さ」「法の普遍性《ふへんせい》」そして「主体的実践者《しゅたいてきじっせんしゃ》」の三つの要素《ようそ》が揃《そろ》った法華経の虚空会《こくうえ》の儀式《ぎしき》における血脈相承《けつみゃくそうじょう》こそ、全民衆、全人類《ぜんじんるい》の生死の苦を解決《かいけつ》する「生死一大事血脈」となるのです。

「衆生本有《しゅじょうほんぬ》の妙理《みょうり》」を目覚《めざ》めさせる

続けて大聖人は、「此《こ》の妙法蓮華経の五字過去《かこ》遠遠劫《おんのんごう》より已来《このかた》寸時《すんじ》も離《はな》れざる血脈なり」と仰《おお》せです。

ここでは、上行菩薩による血脈の継承《けいしょう》の意味《いみ》が明《あ》かされている、と拝《はい》することができます。

まず、「過去《かこ》遠遠劫《おんのんごう》より已来《このかた》寸時《すんじ》も離《はな》れざる」とは、永遠《えいえん》の妙法である妙法蓮華経が上《じょう》行菩薩《ぎょうぼさつ》の身《み》に本来《ほんらい》に具《そな》わっているということです。

「一生成仏抄《いっしょうじょうぶつしょう》」の冒頭《ぼうとう》に、「衆生本有《しゅじょうほんぬ》の妙理《みょうり》とは・妙法蓮華経是《これ》なり」（全三八三ページ・新三一六ページ）と仰《おお》せられているように、もともとは、一切衆生《いっさいしゅじょう》は、「本有の妙理」である妙法蓮華経の当体《とうたい》です。ところが末法《まっぽう》の凡夫《ぼんぷ》は、無明《むみょう》ゆえに自身の真理《しんり》に暗《くら》く、迷《まよ》っている。本《ほん》源《げん》の自身の生命に暗い以上は、生死《しょうじ》の問題も解決《かいけつ》できません。

自身の生命の根源《こんげん》の力《ちから》を信じ、自身の本有の妙理を現《あらわ》していくなかでこそ、生死の問題も打開《だかい》することができます。

このように我《わ》が生命に迷っている衆生に、本源の力である本有の妙法蓮華経を教《おし》え、示《しめ》し、開《ひら》かせていくのが、上行を筆頭《ひっとう》とする地涌《じゆ》の菩薩の尊《とうと》き使命《しめい》です。

法華経涌出品《ゆじゅっぽん》を見れば、地涌の菩薩は、大地を割《わ》って出現《しゅつげん》する以前は、「娑婆《しゃば》世《せ》界《かい》の下《した》、此《こ》の界《かい》の虚空《こくう》の中《なか》」（法華経四五二ページ）に住《じゅう》していたとされます。

この地の下の虚空とは何か。天台大師《てんだいだいし》は、それを「法性《ほっしょう》の淵底《えんでい》・玄宗《げんしゅう》の極地《ごくじ》」〈注9〉と表現しています。一言《ひとこと》で言えば、生命本有《ほんぬ》の妙理《みょうり》である妙法蓮華経と一体《いったい》の境地《きょうち》に住《じゅう》し、そこから現実の世界に躍《おど》り出《で》てきたのが、地涌《じゆ》の菩薩《ぼさつ》であるということです。

要《よう》するに〝過去《かこ》遠遠劫《おんのんごう》から寸時《すんじ》も離《はな》れることがない〟との仰《おお》せは、上行《じょうぎょう》菩薩が常に永遠《えいえん》の妙法と一体の境地にあるということです。その上行菩薩だからこそ、万人《ばんにん》の内《うち》にある本有の妙理を現《あらわ》して、万人を生死《しょうじ》の苦《く》から救《すく》っていく道を開《ひら》くことができるのです。

さて、「寸時も離れざる血脈《けつみゃく》なり」との仰せは、さらに深《ふか》く、また実践的《じっせんてき》に拝《はい》していくことができます。そこに、上行＝地涌の最《もっと》も重要《じゅうよう》な特性《とくせい》を見ることができます。

すなわち、「寸時も離れざる」の実践的な意義《いぎ》とは、一つは、上行菩薩が妙法蓮華経を自《みずか》らの生命に顕《あらわ》す「智慧《ちえ》の力《ちから》」に優《すぐ》れているゆえに、「いつでも実際《じっさい》に顕していける」ということであると拝せます。

また、第二には、他に弘《ひろ》める「実践の力」に優れているがゆえに、「いかなる悪世《あくせ》にも弘めていける」ということであるとも拝することができるのではないでしょうか。

この二点こそ、実際に娑婆《しゃば》世界《せかい》の衆生《しゅじょう》に「生死一大事《いちだいじ》血脈」が流《なが》れ通《かよ》う要諦《ようてい》であると考えられます。

妙法を顕《あらわ》す「心の力《ちから》」

まず、上行菩薩《じょうぎょうぼさつ》が妙法蓮華経を顕す力に優《すぐ》れていることについて、確認《かくにん》しておきたい。

本有《ほんぬ》の妙理《みょうり》を顕す力とは、無明《むみょう》を打《う》ち破《やぶ》る「智慧《ちえ》の力」であり、究極的《きゅうきょくてき》には仏《ほとけ》の悟《さと》りと同じです。先陣《せんじん》を切って法を顕す使命《しめい》を持った上行菩薩にのみ、この究極の「智慧の力」が具《そな》わります。「上行」とは、「最《もっと》も優《すぐ》れた行《ぎょう》」の意《い》です。

上行菩薩に続く無数《むすう》の地涌《じゆ》の菩薩の場合は、どうかといえば、「以信代慧《いしんだいえ》〈注10〉」によって同じ「智慧」を得《え》ることができるという意味《いみ》で、地涌の菩薩は「信の力」に優れているともいえます。

この「智慧の力」「信の力」つまりは「心の力」の側面《そくめん》から地涌の菩薩を改《あらた》めて考察《こうさつ》すれば、地涌の菩薩の本質《ほんしつ》がより明瞭《めいりょう》になります。

法華経の教相《きょうそう》から見ても、地涌の菩薩とは久遠実成《くおんじつじょう》の釈尊《しゃくそん》が久遠に成仏《じょうぶつ》して以来の弟子《でし》であり、「仏の悟りの法を学《まな》び、悟り、弘《ひろ》めていく」ことについて久遠以来、鍛《きた》え抜《ぬ》かれてきた弟子《でし》である、ということが示《しめ》されております。

こうした地涌《じゆ》の特質《とくしつ》について、大聖人は「観心本尊抄《かんじんのほんぞんしょう》」で、天台《てんだい》・妙楽《みょうらく》等の言葉を引用《いんよう》されました（全二五〇㌻・新一四〇㌻）。

「是《こ》れ我《わ》が弟子なり応《まさ》に我が法を弘《ひろ》むべし」（天台大師《だいし》）

「子父《こちち》の法を弘む世界の益有《やくあ》り」（妙楽大師）

「法是れ久成《くじょう》の法なるを以《もっ》ての故《ゆえ》に久成の人に付《ふ》す」（道暹《どうせん》の輔正記《ふしょうき》）

これらを受けて大聖人は、「本法所持《ほんぽうしょじ》の人に非《あらざ》れば末法《まっぽう》の弘法《ぐほう》に足《た》らざる者か」（全二五一㌻・新一四二㌻）と仰《おお》せです。

「本法所持」とは、生命に本来《ほんらい》、妙理《みょうり》が具《そな》わっているというだけでは当然ありません。無明《むみょう》を打《う》ち破《やぶ》って妙理を顕《あらわ》す「心の力《ちから》」において優《すぐ》れているということであると拝《はい》せます。それであってこそ、どんな悪世《あくせ》であっても、妙理を生命に顕し、弘めていけるのです。そこにのみ「生死一大事《しょうじいちだいじ》の血脈《けつみゃく》」が流《なが》れ通《かよ》うのです。

ゆえに、大聖人は、地涌の菩《ぼ》薩《さつ》が、妙音《みょうおん》・文殊《もんじゅ》・薬王《やくおう》などの荘厳《そうごん》な菩薩と比《くら》べて、大きく異《こと》なる点として、「さればよ能《よ》く能く心をきたは鍛《きた》はせ給《たも》うにや」（全一一八六㌻・新一六〇八㌻）

と仰《おお》せられているのです。

妙法を弘《ひろ》める「実践《じっせん》の力《ちから》」

この妙法を顕《あらわ》す「心の力」とともに、妙法を弘める「実践の力」に優《すぐ》れていることが、地涌《じゆ》の菩薩《ぼさつ》のもう一つの特質《とくしつ》であると言えます。その「実践の力」の核心《かくしん》にあるのが「誓《せい》願《がん》」です。

「誓願」こそが、仏《ほとけ》が入滅後《にゅうめつご》の娑婆《しゃば》世《せ》界《かい》の弘教《ぐきょう》の要《かなめ》です。神力品《じんりきほん》では、上行《じょうぎょう》を代表とする地涌の菩薩が、仏なき世《よ》にあって勇《いさ》んで弘教するとの誓《ちか》いを発《はっ》しています。この「誓い」こそ悪世《あくせ》弘教の「実践の力」の原動力《げんどうりょく》となるからです。

悪世には人々の無明《むみょう》が強く、妙法を弘める人には必《かなら》ず大難《だいなん》が起《お》こります。その悪世の濁《だく》流《りゅう》を撥《は》ね返《かえ》す力の根本《こんぽん》が誓願です。

地涌の菩薩が、悪世の弘教を大きく担《にな》いゆく「実践の力」を持っていることは、涌出品《ゆじゅっぽん》にはっきりと説《と》かれています。すなわち、「志《し》念堅固《ねんけんご》」（確固《かっこ》たる誓願）、「大忍辱力《だいにんにくりき》」（難に耐《た》える力《ちから》）、「巧於難問答《ぎょうおなんもんどう》」（折伏《しゃくぶく》の力、言論《げんろん》の力）など、悪世《あくせ》を開拓《かいたく》する力に満《み》ち満ちているのが地涌《じゆ》の本領《ほんりょう》です。

このような「心の力」「実践《じっせん》の力」があってこそ、生命の法である妙法蓮華経を全《すべ》ての衆生《しゅじょう》に伝《つた》えていく「血脈《けつみゃく》」が成《な》り立《た》つのです。この地涌の菩薩《ぼさつ》による血脈の継承《けいしょう》こそ、本抄で強調《きょうちょう》される「信心の血脈」なのです。

学会員こそ誉《ほま》れの地涌の勇者《ゆうしゃ》

戸田先生は、草創《そうそう》の会員によく呼《よ》びかけておられました。

「地涌の菩薩の皆《みな》さん！　やろうではないか！」

「地涌の菩薩の皆さん！　立ち上がろうではないか！」

後に、草創の同志《どうし》は述懐《じゅっかい》していました。

「戸田先生から『地涌の菩薩の皆さん』と呼びかけられても、最初は自分たちのことだとは思えなかった（笑い）。貧乏《びんぼう》と病気で悩《なや》み、夫婦喧嘩《ふうふげんか》が絶《た》えない自分たちが地涌の菩薩と言われても正直《しょうじき》ぴんとこなかった。〝ああ、いつか立派《りっぱ》な人たちが入信《にゅうしん》するんだな〟とばかり思っていた（笑い）」

正直な実感《じっかん》だったかもしれません。

しかし、宿命《しゅくめい》と戦《たたか》い、健気《けなげ》に広布《こうふ》の戦いに邁進《まいしん》したこの方たちこそ、誉《ほま》れある地涌《じゆ》の勇者《ゆうしゃ》であった。それは、歴史《れきし》が証明《しょうめい》する厳然《げんぜん》たる事実です。

何よりも戸田先生ご自身が地涌の棟梁《とうりょう》であられた。「われ、地涌の菩薩《ぼさつ》なり！」との獄中《ごくちゅう》の悟達《ごだつ》があればこそ、戸田先生は戦後の荒野《こうや》に一人《ひとり》立たれたのです。そして、七十五万の地涌の陣列《じんれつ》を厳然《げんぜん》と打ち立てられた。

戸田先生がなされたことは、一人一人の胸中《きょうちゅう》に地涌の自覚《じかく》を呼《よ》び覚《さ》ます精神闘争《せいしんとうそう》であった。学会員こそ、諸宗《しょしゅう》の元祖《がんそ》すらも及《およ》びもつかない大菩薩の位《くらい》にあることを、御書を拝《はい》しながら繰《く》り返《かえ》し教《おし》えられました。

「なにをもって、かかる高貴《こうき》の位をたまわるか。過去《かこ》には地涌の菩薩として上行菩薩《じょうぎょう》と同座《どうざ》し、末法《まっぽう》には本仏《ほんぶつ》の子として折伏行《しゃくぶくぎょう》にいそしむがためである。かかる高位《こうい》のわれわれは、無信《むしん》、邪信《じゃしん》、劣信《れつしん》の者と同格《どうかく》の境地《きょうち》にならぬよう心がけねばならぬ。かの無信の者、邪信《じゃしん》の者にたいして、さげすんだりすることなく、慈悲《じひ》の境涯《きょうがい》に絶対《ぜったい》に立たなくてはならない」（「折伏論《しゃくぶくろん》」『戸田城聖全集』第3巻）

まさに、戸田先生は全会員に「地涌《じゆ》の自覚《じかく》」「民衆救済《みんしゅうきゅうさい》の慈悲の念《ねん》」という「心の力《ちから》」を発現《はつげん》するように促《うなが》されたといえます。

この先生の師子吼《ししく》に応《こた》えて、立ち上がった一人一人《ひとり》は、現実に濁劫悪世《じょっこうあくせ》の中傷《ちゅうしょう》や悪口《あっこう》の中で、如来《にょらい》の使《つか》いとして戦《たたか》った。そして、大いなる生命の変革《へんかく》を成《な》し遂《と》げていきました。

すなわち、一人の人間を根底《こんてい》から蘇生《そせい》させる地涌の使命《しめい》に目覚《めざ》めるならば、無上《むじょう》の歓喜《かんき》に包《つつ》まれます。自身の境涯が広がりゆく充実感《じゅうじつかん》を覚《おぼ》えます。戸田先生の弟子《でし》として戦いを起《お》こした時に、思ってもみなかった「実践《じっせん》の力」「地涌の底力《そこぢから》」「悪《あく》と戦う力」が胸中《きょうちゅう》からわき上がり、自他《じた》ともの宿命《しゅくめい》の鉄鎖《てっさ》を断《た》ち切《き》ることができたのです。

「救《すく》われる人から救う人へ」――。列島《れっとう》の津々浦々《つつうらうら》で無数《むすう》の変革のドラマが一波《いっぱ》から万波《ばん》《ぱ》と広がり、地涌の民衆が誕生《たんじょう》していった。そして、この地涌の一人一人が、生死《しょうじ》の苦悩《くのう》を乗《の》り越《こ》えながら、永遠《えいえん》の幸福を築《きず》きゆく力強《ちからづよ》い人生を勝ち進んでいった。

そして今、この涌出《ゆじゅつ》の儀式《ぎしき》は世界に広がっています。

この栄光燦《えいこうさん》たる創価学会の歴史《れきし》を、仏教史《ぶっきょうし》に照《て》らして断言《だんげん》できることは何か。それは、末法《まっぽう》の一閻浮提《いちえんぶだい》に「地涌《じゆ》の義《ぎ》」を実現し、無数《むすう》の地涌の闘争《とうそう》で民衆《みんしゅう》を救済《きゅうさい》することが広宣《こうせん》流布《るふ》である。そして、そこにこそ虚空会《こくうえ》の儀式《ぎしき》における血脈相承《けつみゃくそうじょう》の根本《こんぽん》目的があるということです。

一切衆生《いっさいしゅじょう》の成仏《じょうぶつ》こそ、血脈の本義《ほんぎ》です。そのために、虚空会の儀式があり、釈尊《しゃくそん》から上《じょう》行菩薩《ぎょうぼさつ》へ妙法蓮華経五字の付嘱《ふぞく》が行《おこな》われたのです。末法において、この血脈の源流《げんりゅう》を万人《ばんにん》に開《ひら》く上行菩薩の役割《やくわり》を外用《げゆう》の姿《すがた》で行《ぎょう》じられたのが、御本仏《ごほんぶつ》・日蓮大聖人であられた。

すなわち、「血脈」とは本来《ほんらい》、妙法の力《ちから》によって民衆を救《すく》いゆく実践《じっせん》を行う人の正統性《せいとうせい》を証明《しょうめい》するものです。それとともに、釈尊から上行菩薩へ付嘱された大法《だいほう》が、末法に出現《しゅつげん》する上行、並《なら》びに上行に連《つら》なる地涌の闘争によって、日本国の一切衆生、果《は》ては全世界の民衆へ広がっていくなかに、正統の血脈の継承《けいしょう》があるといえます。

大聖人は仰《おお》せです。

「上行菩薩・釈迦如来《しゃかにょらい》より妙法の智水《ちすい》を受けて末代悪世《まつだいあくせ》の枯槁《ここう》〈注11〉の衆生に流《なが》れかよはし給《たも》う是《こ》れ智慧《ちえ》の義なり」（全一〇五五ジペー・新一四三四ジペー）

その血脈《けつみゃく》の継承《けいしょう》の根本《こんぽん》の鍵《かぎ》が信心です。地涌《じゆ》の菩薩《ぼさつ》が持つ「心の力《ちから》」「実践《じっせん》の力」を引き出せるのは「信心」しかありません。「信心」があってこそ「血脈」が成《な》り立《た》つ。また、「信心」がなければ「血脈」は存在しません。

そして、この「信心の血脈」を根幹《こんかん》に妙法を世界に広げてきたのが、牧口先生・戸田先生の師弟《してい》を起点《きてん》とする、地涌出現《しゅつげん》というべき仏勅《ぶつちょく》の創価学会の歴史《れきし》です。今、創価三代の大闘争《だいとうそう》を通して、地涌の菩薩は、世界各地に涌現《ゆげん》しました。世界中で「信心の血脈」が継承されたことで、いわば、「生死一大事《しょうじいちだいじ》の血脈」が世界中に広がったともいえます。ここに、虚空会《こくうえ》における「釈尊《しゃくそん》――上行《じょうぎょう》」の血脈の本義《ほんぎ》があることを深《ふか》く確信《かくしん》します。

注

〈注1〉【宝塔《ほうとう》】法華経見宝塔品《けんほうとうほん》第十一で、大地から出現《しゅつげん》し虚空《こくう》に浮《う》かんだ荘厳《そうごん》で巨大《きょだい》な七宝《しっぽう》の塔。その四方《しほう》の面からは芳《かん》しい香《かお》りが溢《あふ》れ出《で》たと説《と》かれている。多宝如来《たほうにょらい》の塔廟《とうびょう》で、多宝如来が立てた誓願《せいがん》の通り、法華経の説法《せっぽう》の座《ざ》に出現した。

〈注2〉【娑婆世界《しゃばせかい》】人間が住む現実世界。「娑婆」とはサンスクリット（古代《こだい》インドの文章語）の「サハー」の音写《おんしゃ》で、「堪忍《かんにん》」と訳《やく》される。苦悩《くのう》に満《み》ちていて、それを堪《た》え忍《しの》ぶことが必要《ひつよう》であるとされる。

〈注3〉【迹化《しゃっけ》・他方《たほう》の菩薩《ぼさつ》】地涌《じゆ》の菩薩以外の諸《しょ》菩薩のこと。迹化の菩薩とは、迹仏《しゃくぶつ》に教化《きょうけ》された菩薩。迹仏とは、久遠実成《くおんじつじょう》という本地《ほんじ》から垂迹《すいじゃく》して示現《じげん》した仏《ほとけ》のことで、始成正覚《しじょうしょうがく》の釈尊《しゃくそん》のこと。他方の菩薩とは、娑婆世界《しゃばせかい》の教主《きょうしゅ》である釈尊ではなく、他方世界の仏によって教化されてきた菩薩。他方世界の仏もまた、釈尊の法の部分を体現《たいげん》しているので、分身《ふんじん》の仏とされる。したがって、迹化・他方の菩薩には、仏の真実《しんじつ》の全体像《ぜんたいぞう》が示《しめ》されず、成仏《じょうぶつ》の根源《こんげん》の法も説《と》かれていない。ただ、理想的人格《りそうてきじんかく》が象徴的《しょうちょうてき》に強調《きょうちょう》して投影《とうえい》され、種々《しゅじゅ》の優《すぐ》れた心身《しんしん》の特性《とくせい》をもつものとして説かれているにすぎない。

〈注4〉【始覚《しかく》】もともとは迷《まよ》いの凡夫《ぼんぷ》であり、長遠《ちょうおん》な仏道修行《ぶつどうしゅぎょう》を経《へ》て覚《さと》りを得《え》てはじめて仏《ほとけ》となれる、ということ。

〈注5〉【厭離断九《おんりだんく》】十界《じっかい》の生命境涯《きょうがい》のうち迷《まよ》いの九界《きゅうかい》を厭《いと》い離《はな》れ断《だん》じて、覚《さと》りの仏界《ぶっかい》の境地《きょうち》に至《いた》るという考え。

〈注6〉【十界互具《じっかいごぐ》】地獄界《じごくかい》から仏界《ぶっかい》までの十界の各界《かくかい》が、互《たが》いに十界を具《そな》えていること。

〈注7〉【色相荘厳《しきそうしょうごん》】仏《ほとけ》や菩薩《ぼさつ》が三十二相など種々《しゅじゅ》の心身《しんしん》の卓越《たくえつ》した特徴《とくちょう》を備《そな》えていて立派《りっぱ》な姿《すがた》であること。

〈注8〉【教相《きょうそう》】経文《きょうもん》に説《と》かれている教《おし》えの内容《ないよう》。また、その理論的研究《りろんてきけんきゅう》。これに対して、教えの内容を自身の心に観《かん》じていく実践《じっせん》を観心《かんじん》という。

〈注9〉【法性《ほっしょう》の淵底《えんでい》・玄宗《げんしゅう》の極地《ごくじ》】覚《さと》りの根源《こんげん》・究極《きゅうきょく》の境地《きょうち》。法性とは、万物《ばんぶつ》の根源の本性《ほんしょう》であり、覚りの究極。玄宗とは、深遠《しんえん》な根本《こんぽん》となる教《おし》え。

〈注10〉【以信代慧《いしんだいえ》】「信を以《も》って慧《え》に代《か》う」と読《よ》み下《くだ》す。仏《ほとけ》が智慧《ちえ》によって覚知《かくち》した正法《しょうほう》を自身の智慧によって覚知する代わりに、仏が説《と》いた正法を信じ行《ぎょう》ずることによって、智慧を得《え》るのと同じ功徳《くどく》を享受《きょうじゅ》して成仏《じょうぶつ》すること。

〈注11〉【枯槁《ここう》】水が枯《か》れ果《は》てること。ここでは、謗法《ほうぼう》・不信《ふしん》によって、妙法の智慧《ちえ》の水が流《なが》れず枯れていること。

第3回　本有《ほんぬ》の生死《しょうじ》

――「生《せい》も歓喜《かんき》、死《し》も歓喜」で真《しん》の自由《じゆう》と希望《きぼう》を我《わ》が生命に

御文

妙《みょう》は死法は生なり此《こ》の生死の二法《にほう》が十界《じっかい》の当体《とうたい》なり又《また》此れを当体蓮華《れんげ》とも云《い》うなり、天台云《てんだいいわ》く「当《まさ》に知るべし依正《えしょう》の因果《いんが》は悉《ことごと》く是《こ》れ蓮華の法なり」と云云　此の釈《しゃく》に依正と云うは生死なり生死之有《これあ》れば因果又蓮華の法なる事明《ことあき》らけし、伝教大師《でんぎょうだいし》云く「生死の二法は一心《いっしん》の妙用《みょうゆう》・有無《うむ》の二道《にどう》は本覚《ほんがく》の真徳《しんとく》」と文、天地《てんち》・陰陽《いんよう》・日月《にちがつ》・五星《ごせい》・地獄《じごく》・乃至《ないし》仏果《ぶつか》・生死の二法に非《あら》ずと云うことなし、是《か》くの如《ごと》く生死も唯《ただ》妙法蓮華経

の生死《しょうじ》なり、天台《てんだい》の止観《しかん》に云《いわ》く「起《き》は是《こ》れ法性《ほっしょう》の起・滅《めつ》は是れ法性の滅」云云、釈迦《しゃか》多宝《たほう》の二仏《にぶつ》も生死の二法《にほう》なり（全一三三六ジペー・新一七七四ジペー）

通解

妙法の「妙《みょう》」とは「死《し》」であり、「法」とは「生《せい》」である。この生と死の二つの法が十界《じっかい》の当《とう》体《たい》である。また、これを当体蓮華《れんげ》ともいうのである。天台大師《だいし》は「十界の依報《えほう》と正報《しょうほう》の因果《いんが》は、ことごとく蓮華の法であることを知るべきである」（法華玄義《ほっけげんぎ》）と言っている。この釈《しゃく》で「依報と正報」と言っているのは生死のことである。生死があれば、その因果もまた蓮華の法であることは明《あき》らかである。伝教大師《でんぎょう》は「生と死の二つの法は、一心《いっしん》の妙なる働《はたら》きである。有《う》と無《む》との二つの道は、本覚《ほんがく》の仏《ほとけ》に具《そな》わる真実《しんじつ》の徳性《とくせい》である」と述《の》べている。天地《てんち》、陰陽《いんよう》、日月《にちがつ》、五星《ごせい》、地獄《じごく》から仏果《ぶっか》に至《いた》るまで、生死の二法でないものはない。

このように、生死もただ妙法蓮華経の生死なのである。天台大師の『摩訶止観《まかしかん》』に「（事物《じぶつ》が）生起《せいき》するのは法性の生起であり、消滅《しょうめつ》するのもまた法性の消滅である」とある。（宝塔《ほうとう》に並《なら》んで座《すわ》っている）釈迦・多宝の二仏も、生と死の二つの法を表《あらわ》しているのである。

講義

前回は、法華経の虚空会《こくうえ》で釈迦《しゃか》・多宝《たほう》の二仏《にぶつ》から上行菩薩《じょうぎょうぼさつ》に付嘱《ふぞく》された妙法蓮華経こそが「生死一大事《しょうじいちだいじ》の法」であるとの仰《おお》せ〈注1〉について拝察《はいさつ》しました。

本抄では次に、「生死」と「妙法蓮華経」との深《ふか》い関係を明《あ》かされていきます。そこでは、過去《かこ》遠遠劫《おんのんごう》より妙法蓮華経と離《はな》れることがないとされた上行菩薩の内証《ないしょう》、すなわち日蓮大聖人の御自身《ごじしん》の御内証を示《しめ》されていると拝することができます。

また、これによって、妙法蓮華経こそが「生死一大事の法」であるとされる哲学的《てつがくてき》な理《り》由《ゆう》が明示《めいじ》されています。

生《せい》と死《し》は根源《こんげん》の妙法に具《そな》わるリズム

まず、「妙《みょう》は死」「法は生」と仰せです。

「妙法」とは「生死《しょうじ》の二法《にほう》」そのものであるということです。言《い》い換《か》えれば、「生《せい》」と「死《し》」は、本来《ほんらい》、宇宙根源《うちゅうこんげん》の法である「妙法」に含《ふく》まれているということです。つまり、「生」と「死」の二つの在《あ》り方《かた》は、実《じつ》は、宇宙根源の法である「妙法」に本来具《そな》わるリズムそのものであると言われているのです。

仏法では「縁起《えんぎ》」といって、あらゆるものは相互依存《そうごいそん》の共存《きょうそん》関係にあり、一つとして独《どく》立自存《りつじそん》しているものはないと捉《とら》えます。その無限《むげん》の相互関係の中で、生命や事物《じぶつ》や因果《いんが》が成《な》り立《た》ち、変化し、そして消滅《しょうめつ》していきます。

考えてみれば、宇宙全体が無限の相互関係であることも、その中で個々《ここ》の生命の生や死があることも、実に不可思議《ふかしぎ》です。不可思議であるがゆえに「妙法」というのです。

本抄では、「妙は死《みょう》」であり、「法は生」であると立て分けられています。「法」は現《あらわ》れた現象《げんしょう》を意味《いみ》しますから、個々の生命として現れる「生」に当《あ》たります。

また、生命が死んで融合《ゆうごう》していく無限の宇宙は、思議し難《がた》いものです。ゆえに、不可思議を意味する「妙」を「死」に配《はい》されていると拝《はい》せます。

ただ、この仰《おお》せの主眼《しゅがん》は、宇宙という無限の織《お》り物《もの》の中で現れる、生命の「生」と「死」

の全体が「妙法」であると示《しめ》された点にあると拝察《はいさつ》できます。

大海原《おおうなばら》と波《なみ》の譬《たと》え

この「妙法」と「生死《しょうじ》」の関係を譬喩《ひゆ》をもって示せば、あたかも大海原に波が起《お》こり、その波が大海原に還《かえ》っていくようなものであると言えます。

言うまでもなく、大海原が「妙法」であり、波が「個々《ここ》の生命」「個々の現象《げんしょう》」に当《あ》たります。そして、波が大海原から起こり、大海原に還っていくことが「生《せい》」と「死《し》」に当たります。

ここで注意《ちゅうい》すべきことは、個々の波が大海原に呑《の》み込《こ》まれて消《き》えていくように、個々の生命も死ぬと妙法の海《うみ》に呑み込まれて消えていくのではない、という点です。

外からは見えなくとも、海中《かいちゅう》には種々《しゅじゅ》の海流《かいりゅう》が厳然《げんぜん》と流《なが》れていると考えてみれば、生と死の違《ちが》いは、海面《かいめん》に現《あらわ》れた波と、海中でうねる海流との違いといえるかもしれない。決《けっ》して生命が死んで消えていくのではない。生も死も、ともに妙法のうねり以外のなにものでもないのです。

海中《かいちゅう》のうねりは海面《かいめん》に現《あらわ》れて波《なみ》となり、また、海中に没《ぼっ》して見えないうねりとなる。同じように、生《せい》として現れた生命の波は、死《し》によって妙法の海《うみ》に溶《と》け込《こ》み、見えなくなりながらも、うねりを持続《じぞく》している。そして、何らかの機縁《きえん》に応《おう》じて、また新しい生命の波として出現《しゅつげん》するのです。

晴《は》れ晴《ば》れと仲《なか》のよい久遠元初《くおんがんじょ》の世界

次に「此《こ》の生死《しょうじ》の二《に》法《ほう》が十界《じっかい》の当体《とうたい》なり」と言われている点が非常《ひじょう》に重要《じゅうよう》です。この意《い》味《み》は、十界のいかなる衆生《しゅじょう》も、「生死の二法」である妙法の当体であるとの仰《おお》せです。言《い》い換《か》えれば、妙法そのものである「生死の二法」が、十界の衆生の生命の本体《ほんたい》であるということです。

例《たと》えば、十界のうち地《じ》獄界《ごくかい》として生を得《え》ている衆生についていえば、生として顕在化《けんざいか》している地獄界の面だけではない。死として潜在化《せんざいか》している他の九界《きゅうかい》の可《か》能性《のうせい》も含《ふく》めて、妙法である生死《しょうじ》の二法《にほう》の全体が、その衆生《しゅじょう》の本体《ほんたい》であるということです。

これが「本有《ほんぬ》の生死」です。人間は、往々《おうおう》にして、生死に迷《まよ》い、老苦《ろうく》・死苦《しく》を免《まぬか》れない。それは、自《みず》らの生死が「本有の生死」であることを知らないからです。これを深《ふか》く知れば、生死の迷いと苦悩《くのう》から解放《かいほう》される。

戸田先生は、久遠《くおん》における本来《ほんらい》の自分を思《おも》い起《お》こし、生死の迷いから解放される境地《きょうち》を、次のように表現されています。

「この五百塵点劫《ごひゃくじんてんごう》以前〈注2〉のわれわれを観《かん》ずるに、そのときは、晴《は》ればれした世界で、自由自在《じゆうじざい》に何不自由《なにふじゆう》なく、清《きよ》く、楽《たの》しく遊《あそ》んでおり、そのときの人々も、みなうるわしき同心《どうしん》の人々であったのだ。あの晴れやかな世界に住んだわれわれが、いままた、この娑婆《しゃば》世界《せかい》にそろって涌出《ゆじゅつ》したのである。

思いかえせば、そのころの清く楽しい世界は、きのうのようである。なんで、あのときの晴ればれした世界を忘《わす》れよう。ともに自由自在に遊びたわむれた友をば、どうして忘れよう。またともに法華《ほっけ》会座《えざ》に誓《ちか》った誓いを忘れえましょうか。この娑婆世界も、楽しく清く、晴ればれとしたみな仲《なか》のよい友ばかりの世界なのだが、貪《とん》、瞋《じん》、嫉妬《しっと》の毒《どく》〈注3〉を、権《ごん》、小乗教《しょうじょうきょう》、外道《げどう》のやから〈注4〉にのませられて狂子《きょうじ》となったその末《すえ》に、たがいに久遠《くおん》を忘《わす》れてしまっていることこそ、悲《かな》しい、哀《あわ》れなきわみではあるまいか」(『戸田城聖全集』第1巻)

自由《じゆう》で、清《きよ》らかで、晴《は》れ晴《ば》れとして、自他共《じたとも》の幸福を誓《ちか》い合《あ》った仲《なか》のよい友――それが、迷《まよ》いに汚《けが》されない久遠の本来《ほんらい》の自分であり、久遠の世界なのです。

この、本来の自分、久遠の世界を回復《かいふく》するには、私たちの生命が妙法の当体《とうたい》であることを知る必要《ひつよう》があります。そして、苦悩《くのう》をもたらす迷いの因果《いんが》を超《こ》える力《ちから》が自分に具《そな》わっていることを自覚《じかく》しなければなりません。

因果倶時《ぐじ》の蓮華《れんげ》の法

本抄では、妙法の無限《むげん》の力を取《と》り戻《もど》し、本来の自分を回復する可能性《かのうせい》を「当体蓮華」と表現されています。

すなわち「此《こ》の生死《しょうじ》の二法《にほう》が十界《じっかい》の当体なり又《また》此れを当体蓮華とも云《い》うなり」と。

当体蓮華《とうたいれんげ》の「蓮華」とは「因果倶時《いんがぐじ》〈注5〉」の法を譬《たと》えたものです。普通《ふつう》の植物《しょくぶつ》は花が咲《さ》いた後に実《み》がなります。しかし、蓮《はす》は花が咲いたときには既《すで》に実がなっています。そこで花を原因《げんいん》、実を結果《けっか》とすれば、開花《かいか》とともに実がなっている蓮は、妙法の中に因果が同時に具《そな》わっていることの象徴《しょうちょう》とされます。

どのような生命にも、十界《じっかい》のあらゆる境涯《きょうがい》を体現《たいげん》する可能性《かのうせい》がある。それにもかかわらず、九界《きゅうかい》を現《あらわ》すことはありえても、仏界《ぶっかい》を現すことは至難《しなん》です。それはなぜか——。

仏《ほとけ》はそのことを深《ふか》く探求《たんきゅう》し、その因果を解明《かいめい》しました。すなわち、今、ここで、この人の境涯を決定《けってい》する、峻厳《しゅんげん》なる生命の因果の法則《ほうそく》を明《あ》かしたのです。

この因果の法則には二つの次元《じげん》があります。一つは、いわゆる因果応報《おうほう》の次元です。これは、善因楽果《ぜんいんらくか》・悪因苦果《あくいんくか》の法則です。すなわち、善《よ》い行《おこな》いをすれば安楽《あんらく》の報《むく》いを得《え》て、悪行《あくぎょう》をなせば苦悩《くのう》の報いを受けるというものです。

しかし、仏法は、そこにとどまらず、より根源的《こんげんてき》な生命の因果の法則を明かします。生命に具わる根源の仏界を開《ひら》きあらわせば、最高の善を実現したことになり、直《ただ》ちに揺《ゆ》るぎない幸福境涯を確立《かくりつ》していける。煩悩《ぼんのう》・業《ごう》・苦《く》〈注6〉の因果に束縛《そくばく》された九界の身《み》に、本来具《ほんらいそな》わる内《うち》なる仏界《ぶつかい》、仏性《ぶっしょう》を開《ひら》くことによって、成仏《じょうぶつ》の果《か》を直《ただ》ちにもたらすのです。

この因果《いんが》は、時間の流《なが》れのうえに成《な》り立《た》つ通常《つうじょう》の生命の因果とは異《こと》なります。それは、一念《いちねん》の転換《てんかん》によって、今の自分の身《み》に本有《ほんぬ》の仏界を直ちに開く因果倶時《ぐじ》の法則《ほうそく》なのです。

大宇宙《だいうちゅう》の大生活力を我《わ》が身に開く

生死輪廻《しょうじりんね》の因果は、誰人《たれびと》たりとも逃《のが》れられない峻厳《しゅんげん》な因果の法則です。これは、自分の人生は自分の責任《せきにん》であるとする点で、超越的《ちょうえつてき》な絶対者《ぜったいしゃ》から与《あた》えられた恣意的《しいてき》な運命《うんめい》に人間が翻弄《ほんろう》されると説《と》く運命論的な思想《しそう》よりも、はるかに人間の主体性《しゅたいせい》や自由《じゆう》があると感じられます。

しかしながら、結果的《けっかてき》には、長遠《ちょうおん》な生死の繰《く》り返《かえ》しの中で自身が積《つ》み重《かさ》ねてきた宿業《しゅくごう》の強大《きょうだい》な重みに押《お》しつぶされかねない圧迫感《あっぱくかん》から逃れることはできません。

この宿業の重しを突《つ》き破《やぶ》って、生命根源《こんげん》の次元《じげん》からの変革《へんかく》を説き示《しめ》したのが、十界具足《じっかいぐそく》を説く妙法の因果なのです。今、ここで、どのような境涯《きょうがい》であったとしても、各人《かくじん》の生命の奥底《おうてい》には厳然《げんぜん》と、最高の智慧《ちえ》にあふれた力強《ちからづよ》い仏界《ぶつかい》が具《そな》わっている。それを開《ひら》きあらわせば、あらゆる困難《こんなん》をも乗《の》り越《こ》えることができる――このことを可能《かのう》にしたのが、因果倶《いんがぐ》時《じ》の蓮華《れんげ》の法なのです。

この真実《しんじつ》に目覚《めざ》めれば、どのような困難をも打《う》ち破《やぶ》り、運命《うんめい》を切り開き転換《てんかん》していくことができる。それは、最《もっと》も「主体性《しゅたいせい》」にあふれ、根本的《こんぽんてき》にして揺《ゆ》るぎない「自由《じゆう》」を確立《かくりつ》することです。

また、自身の内《うち》なる無限《むげん》の力《ちから》を確信《かくしん》できれば、そこに最も確《たし》かな「希望《きぼう》」が生まれます。そして、いかなる困難が襲《おそ》い来ても、それは内なる妙法の力を発揮《はっき》するための試練《しれん》であり、自身が願《ねが》って立ち向かうべきチャンスであると捉《とら》えていくことができる。そう捉えて、粘《ねば》り強く一つ一つの課題《かだい》を乗り越え勝ち越えていくならば、自身の境涯《きょうがい》を大きく開き、真《しん》に揺るぎない自在《じざい》の境涯を築《きず》き上《あ》げることができるのです。

まさしく妙法蓮華経こそ、真の「自由」と「希望」を我《わ》が生命にもたらす大法《だいほう》なのです。

初代会長・牧口常三郎先生は、この内なる妙法について、次のように仰《おお》せです。

「吾等《われら》各個《かっこ》の生活力は悉《ことごと》く大宇宙《だいうちゅう》に具備《ぐび》している大生活力の示顕《じげん》であり、従《したが》ってその生活力発動《はつどう》の機関《きかん》として出現《しゅつげん》している宇宙《うちゅう》の森羅万象《しんらばんしょう》——これによって生活する吾吾人類《われわれじんるい》も——に具《そな》わる生活力の大本《おおもと》たる大法《だいほう》が即《すなわ》ち妙法として一切《いっさい》の生活法を摂《せっ》する根源《こんげん》であり本体《ほんたい》であらせられる」(『牧口常三郎全集』第10巻、第三文明社、現代表記に改めた)

私たちが自身に具わる宇宙の根本《こんぽん》の大生活力を開《ひら》きあらわせば、宇宙大の力《ちから》が発揮《はっき》できる大境涯《だいきょうがい》となるのです。

宇宙は本来《ほんらい》、慈悲《じひ》の行業《ぎょうごう》

その大境涯は、自分だけ幸《しあわ》せになるというような決《けっ》して利己的《りこてき》なものではありえません。そうではなく、相互《そうご》に支《ささ》えあい、相互の力の発揮を促《うなが》しあい、それぞれの個性《こせい》の開花《かいか》と調和《ちょうわ》をもたらすものであります。互《たが》いに慈《いつく》しみ励《はげ》ましあうこと、即ち「慈悲」が、宇宙全体を貫《つらぬ》くはたらきなのです。

それゆえ、戸田先生は、宇宙は本来、慈悲の行業であると言われました。

「そもそも、この宇宙は、みな仏《ほとけ》の実体《じったい》であって、宇宙の万象ことごとく慈悲の行業で

ある。されば、慈悲《じひ》は宇宙《うちゅう》の本然《ほんねん》のすがたというべきである」（『戸田城聖全集』第3巻）

「宇宙自体《じたい》が慈悲である以上、われわれも日常の行業《ぎょうごう》はもちろん、自然《しぜん》に慈悲の行業そのものではあるが、人たる特殊《とくしゅ》の生命を発動《はつどう》させている以上、人間は、一般《いっぱん》動物、植物《しょくぶつ》と同じ立場であってはならぬ。より高級な行業こそ、真《しん》に仏《ほとけ》に仕《つか》える者の態度《たいど》である」（同）

「大聖人様のおおせどおり、われわれも三大秘法《さんだいひほう》の真の仏法たる題目《だいもく》を唱《とな》え、人々にも唱えせしめて、自然の行業に慈悲があふれる人々をより多くつくらなくてはならない」（同）

自身が宇宙根源《こんげん》の妙法の当体《とうたい》であると深《ふか》く信じて、南無妙法蓮華経の題目を唱えぬくとき、妙法の智慧《ちえ》と慈悲の大生活力を開花《かいか》させて、いかなる苦難《くなん》や障魔《しょうま》も撃破《げきは》し、何ものにも崩《くず》されない絶対的《ぜったいてき》な幸福境涯《きょうがい》を築《きず》くことができる。その人は、臨終《りんじゅう》を迎《むか》えた時も「自身、妙法なり」との正念《しょうねん》を揺《ゆ》るがさず、断見《だんけん》や常見《じょうけん》にも惑《まど》わされない、大安心《だいあんしん》の境地《きょうち》を実現できるのです。それこそが、人生の最大最高の目的です。

まさに「生《せい》も歓喜《かんき》、死《し》も歓喜」です。

この臨終正念〈注7〉によって今生《こんじょう》の生を完成《かんせい》した人は、大宇宙の慈悲の行業を一念《いちねん》に凝縮《ぎょうしゅく》し、再《ふたた》び偉大《いだい》なる広宣流布《こうせんるふ》の戦《たたか》いを展開《てんかい》しようとの大誓願《だいせいがん》に立つことは間違《まちが》いない。それは、新しい生《せい》への大いなる希《き》望《ぼう》の旅立《たびだ》ちなのです。

注

〈注1〉「夫《そ》れ生死一大事血脈《しょうじいちだいじけつみゃく》とは所謂《いわゆる》妙法蓮華経是《これ》なり、其《そ》の故《ゆえ》は釈迦多宝《しゃかたほう》の二仏宝塔《にぶつほうとう》の中にして上行菩薩《じょうぎょうぼさつ》に譲《ゆず》り給《たま》いて此《こ》の妙法蓮華経の五字過去遠遠劫《かこおんのんごう》より已来寸時《このかたすんじ》も離《はな》れざる血脈なり」（全一三三六㌻・新一七七四㌻）

〈注2〉**【五百塵点劫以前《ごひゃくじんてんごう》】**五百塵点劫とは、法華経寿量品《じゅりょうほん》に説《と》かれる長遠《ちょうおん》な期間で、釈尊《しゃくそん》は実《じつ》は五百塵点劫の久遠《くおん》の過去《かこ》から成仏《じょうぶつ》していたと明《あ》かされる。五百塵点劫以前とは、その久遠の元初《がんじょ》の時を指《さ》し、生命の本源《ほんげん》の次元《じげん》をいう。

〈注3〉**【貪《とん》、瞋《じん》、嫉妬《しっと》の毒《どく》】**貪欲《とんよく》と瞋《いか》りと嫉妬という生命に具《そな》わる根本的《こんぽんてき》な迷《まよ》い、悪《あく》のこと。本来《ほんらい》は清《きよ》らかで力強《ちからづよ》い生命を衰《おとろ》えさせ誤《あやま》らせるので、毒とされる。

〈注4〉**【権《ごん》、小乗教《しょうじょうきょう》、外道《げどう》のやから】**仏《ほとけ》が悟《さと》った究極《きゅうきょく》の真実《しんじつ》を説《と》く法華経ではなく、部分的な真実を説いた諸経典《しょきょうてん》や諸思想《しょしそう》を信じ教《おし》える人々。外道とは仏教以外の諸思想、小乗教とは仏教のうちで他の人々の救済《きゅうさい》よりも自身の解脱《げだつ》を優先《ゆうせん》する教え、権とは自他《じた》の救済を求《もと》める大乗《だいじょう》ではあるものの部分的な真実にとらわれている教え。

〈注5〉【因果《いんが》倶時《ぐじ》】原因《げんいん》と結果《けっか》の間に時間的経過《けいか》がなく、同時であること。爾前権教《にぜんごんきょう》では成仏《じょうぶつ》の原因である九界《きゅうかい》の衆生《しゅじょう》と、結果である仏《ほとけ》との間に長い時間的経過を設《もう》けるが、法華経では十界互《じっかいご》具《ぐ》が説《と》かれて九界と仏界《ぶっかい》の因果が同時であることが明《あ》かされた。

〈注6〉【煩悩《ぼんのう》・業《ごう》・苦《く》】煩悩とは生命に具《そな》わる迷《まよ》いや欲望《よくぼう》、業とは煩悩によって行《おこな》う誤《あやま》った行為《こうい》、苦とは煩悩・業によってもたらされる苦悩《くのう》。凡夫《ぼんぷ》は煩悩・業・苦の連鎖《れんさ》によって、苦悩の境涯《きょうがい》である六道《ろくどう》を輪廻《りんね》する。

〈注7〉【臨終正念《りんじゅうしょうねん》】臨終に当《あ》たり、心を乱《みだ》さず、正《ただ》しい念慮《ねんりょ》（思い、考え）、すなわち妙法を信ずる信の一念《いちねん》を、揺《ゆ》るがずに貫《つらぬ》くこと。仏道《ぶつどう》を歩《あゆ》み続け成仏《じょうぶつ》を確信《かくしん》し大満足《だいまんぞく》の心で臨終を迎《むか》えること。

第4回

妙法蓮華経の生死《しょうじ》

――全人類《ぜんじんるい》を仏界《ぶっかい》で包《つつ》む慈悲《じひ》と希望《きぼう》の生死観

講義

仏法は、人間の「生死の苦悩《くのう》」を解決《かいけつ》する方途《ほうと》を明確《めいかく》に説《と》ききった教《おし》えです。その生死の真髄《しんずい》が説き明《あ》かされた経典《きょうてん》が法華経であり、なかんずく寿量品《じゅりょうほん》です。そして、その法華経の精髄《せいずい》を末法《まっぽう》に展開《てんかい》された日蓮大聖人は、苦悩の根本原因《こんぽんげんいん》となる無《む》明《みょう》を払《はら》い、万人《ばんにん》が三世《さんぜ》永遠《えいえん》の幸福境涯《きょうがい》を体得《たいとく》する道を開《ひら》いてくださった。

戸田先生は、よく「仏法の解決すべき問題の最後は死《し》の問題です」と語《かた》られていました。

この仏法の偉大《いだい》なる叡智《えいち》こそ、生死《しょうじ》の問題を解決《かいけつ》する根本《こんぽん》の方途《ほうと》を明《あ》かし、人類《じんるい》の境涯《きょうがい》を高めていく道を示《しめ》しています。

今回も、「生死一大事血脈抄《いちだいじけつみゃくしょう》」を拝《はい》し、人類を救《すく》う大法《だいほう》である仏法の深義《じんぎ》を学《まな》んでいきましょう。

生死の無限《むげん》の可《か》能性《のうせい》を示す「生死の二法《にほう》」

本抄では、なぜ、妙法蓮華経が「生死一大事の法」であるのか、その深義を簡潔《かんけつ》に説明《せつめい》されています。この深義を拝するにあたり、前回の講義では、「生死」と「妙法」の関係について述《の》べられた御文《ごもん》に即《そく》し、「本有《ほんぬ》の生死〈注1〉」について考察《こうさつ》しました。

すなわち、「生死の二法」は、宇宙根源《うちゅうこんげん》の「妙法」そのものに本来具《ほんらいそな》わっているのであり、生《せい》と死《し》の相《そう》を現《あらわ》す十界《じっかい》の衆生《しゅじょう》は悉《ことごと》く妙法の当体《とうたい》であることが示されました。

このことは、現実世界に生きる衆生が迷《まよ》い苦《くる》しむ生死は本来の生死ではないということであり、永遠《えいえん》の妙法のリズムそのものとしての生死こそが本来の生死であるということを意味《いみ》しています。法華経寿量品《じゆりようほん》では、このことを、如来《にょらい》が如実知見《にょじつちけん》した悟《さと》りの内容《ないよう》として説《と》いています〈注2〉。

仏《ほとけ》の眼《まなこ》から見れば、十界《じっかい》のあらゆる衆生《しゅじょう》には、本来《ほんらい》、無限《むげん》の可能性《かのうせい》があります。妙法の当体《とうたい》である衆生にとって、解決《かいけつ》できない根源的《こんげんてき》な迷《まよ》いや苦悩《くのう》など存在しないと、仏は知見します。

しかし、凡夫《ぼんぷ》は、十界のうち、ほとんどは六道《ろくどう》の境涯《きょうがい》を流転《るてん》するばかりで、四聖《ししょう》〈注3〉の境地《きょうち》ははるかに仰《あお》ぎ見ることしかできません。なかんずく、真《しん》に生死《しょうじ》の苦《く》を乗《の》り越《こ》えることができる仏界《ぶっかい》は、はるかかなたの理想郷《りそうきょう》に過《す》ぎず、夢《ゆめ》のまた夢というしかありません。

生命変革《へんかく》の可能性を示《しめ》す当体蓮華《れんげ》

本抄では、十界の衆生の生死の意義《いぎ》を更《さら》に深《ふか》く示すために、次に「当体蓮華」について述《の》べられています。

「当体蓮華」とは、すべての十界の衆生が妙法の当体であるということです。すなわち、今、ここにいる衆生《しゆじよう》の身《み》が十界互具《じつかいごぐ》の当体《とうたい》であり、その身において仏界《ぶつかい》を現《あらわ》しうることを示《しめ》す法理《ほうり》です。

「蓮華《れんげ》」は因果倶時《いんがぐじ》、すなわち原因《げんいん》と結果《けつか》が今の一瞬《いつしゆん》の生命に同時に具《そな》わっていることを表《あらわ》します。つまり、十界互具のことであり、今が十界のいずれかの一界の姿《すがた》を現《げん》じているとしても、次の瞬間《しゆんかん》に、生命は十界のいずれの界も現ずることが可能《かのう》だということです。特に、今の一瞬の生命に、成仏《じようぶつ》の因《いん》である九界《きゆうかい》も、果《か》である仏界も、同時に具わっていることを譬《たと》えます。

この当体蓮華の観点《かんてん》に立てば、生死《しようじ》を繰《く》り返《かえ》す生命そのものは、本来的《ほんらいてき》には善《ぜん》でも悪《あく》でもありません。縁《えん》によって、迷《まよ》いの状態《じようたい》にもなれば、悟《さと》りの状態にもなりえます。十界で言えば、地獄界《じごくかい》から仏界まで、あらゆる境涯《きようがい》を体現《たいげん》するのが、生命の本然的《ほんねんてき》な姿です。

一念《いちねん》の転換《てんかん》を説《と》く因果倶時

大聖人は、「依報《えほう》・正報《しようほう》に現れる因果は、すべて蓮華の法である」という天台大師《てんだいだいし》の釈《しやく》

〈注4〉を引いて、当体蓮華《とうたいれんげ》の意義《いぎ》を更《さら》に詳《くわ》しく説《と》かれています。

ここで「依報《えほう》・正報《しょうほう》」というのは、生《せい》と死《し》の相《そう》を示現《じげん》する生命活動そのものです。生命活動が依報（環境《かんきょう》）と正報（生命主体《しゅたい》）にわたる連関性《れんかんせい》は、現代においては科学的にも洞察《どうさつ》されているところです。

依報においても、正報においても、また、依報と正報の間にも、種々《しゅじゅ》の因果《いんが》の現象《げんしょう》が起《お》こっている。それらは、すべて、妙法に具《そな》わる生死《しょうじ》の二法《にほう》に他《ほか》ならない、と言われるのです。そうであれば、依正《えしょう》の種々の因果現象も、その本質《ほんしつ》は因果倶時《ぐじ》の「蓮華の法」に則《のっと》って起こっているのです。

さて、依報も正報もともに、因果倶時の「蓮華の法」であるということは、実践的《じっせんてき》には、いかなることを意味《いみ》するのでしょうか。

それは、我《わ》が一念《いちねん》の転換《てんかん》によって、自身の依報も正報も瞬時《しゅんじ》にして変わるということを説かれているのです。

この点、従来《じゅうらい》の仏教は、過去世《かこせ》の業因《ごういん》の報《むく》いとして、がんじがらめに束縛《そくばく》されている自分自身が、歴劫修行《りゃっこうしゅぎょう》〈注5〉の果《は》てに未来《みらい》に新《あら》たな正報を得《え》ることで変化しうると説いてきました。それに対して、我《わ》が一念《いちねん》によって正報《しょうほう》が瞬時《しゅんじ》に変わるということは、この身《み》そのままで、生命が変革《へんかく》されるということです。そのとき、正報だけでなく、自身をとりまく依報《えほう》もまた、必《かなら》ず変わります。

「蓮華《れんげ》の法」、すなわち「因果倶時《いんがぐじ》の妙法」は、生命が本来《ほんらい》持つ無限《むげん》の潜在的《せんざいてき》可能性《のうせい》を開《ひら》き、三世《さんぜ》にわたって自由自在《じゆうじざい》の境涯《きょうがい》を得《え》ることができるのです。

万物《ばんぶつ》の生死《しょうじ》・変化は「妙法蓮華経の生死」

以上、「妙法」と「蓮華」の考察《こうさつ》を通して、「妙法蓮華経」が衆生《しゅじょう》の生死の深《ふか》い意義《いぎ》を示《しめ》す大法《だいほう》であることを拝《はい》してきました。ここで、大聖人は結論《けつろん》として、あらゆる生死や変化は「妙法蓮華経の生死」であることを示されています。

まず、「生死の二法《にほう》は一心《いっしん》の妙用《みようゆう》・有無《うむ》の二道《にどう》は本覚《ほんがく》の真徳《しんとく》」という伝教大師《でんぎようだいし》の釈《しやく》〈注6〉を引用《いんよう》されています。これは、あらゆる変化は因果倶時の妙法という根源《こんげん》の一法《いっぽう》に基《もと》づく変化である、ということを明《あき》らかにするためです。

「一心《いっしん》の妙用《みょうゆう》」とは、「一念三千《いちねんさんぜん》の法理《ほうり》」として説明《せつめい》したほうが理解《りかい》しやすいかもしれません。「一心」「一念」の変革《へんかく》が、大きく境涯《きょうがい》を変え、世界を開《ひら》いていくのです。それは、生命そのものが十界互具《じっかいごぐ》であるゆえに、三千諸法《しょほう》に開く変革の可能性《かのうせい》があるからにほかなりません。

続いて、大聖人は「天地《てんち》・陰陽《いんよう》・日月《にちがつ》・五星《ごせい》・地獄《じごく》・乃至《ないし》仏果《ぶつか》・生死《しょうじ》の二法《にほう》に非《あら》ずと云《い》うことなし」と仰《おお》せです。一心法界《ほうかい》・一念三千であるから、「天地・陰陽・日月・五星」という依報《えほう》もまた生死を現《げん》ずる妙法の当体《とうたい》であり、「地獄・乃至仏果」という十界の依正《えしょう》もまた、妙法の当体です。この「天地・陰陽・日月・五星」は中国の陰陽道《おんようどう》に基《もと》づく宇宙《うちゅう》観《かん》・世界観を、「地獄・乃至仏果」はインド以来の仏教の宇宙観・世界観を表現されていると拝《はい》することができます。

日蓮大聖人御在世《ございせ》当時の宇宙観は、陰陽道や天台宗《てんだいしゅう》の経典注釈《きょうてんちゅうしゃく》などを通《つう》じて、中国の伝《でん》統哲学《とうてつがく》である陰陽五行《ごぎょう》の思想《しそう》に基づく捉《とら》え方《かた》が広く流布《るふ》していました〈注7〉。これは、それを踏《ふ》まえての表現です。

天地も、その基《もとい》となる陰陽も、日月も、五行（木《もく》・火《か》・土《ど》・金《こん》・水《すい》という五元素《げんそ》）も、所詮《しょせん》は妙法蓮華経の生死《しようじ》の表《あらわ》れであると大聖人は仰《おお》せです。したがって、万物《ばんぶつ》の生死は、「生死の二法《にほう》に非《あら》ずと云《い》うことなし」と仰せのように、そのまま、妙法蓮華経の生死です。

私たちの生命も、依正《えしよう》ともに妙法蓮華経の当体《とうたい》であり、万物もまた妙法蓮華経の当体です。それゆえ、天台大師《てんだいだいし》は「万物の生起《せいき》といっても、その本性《ほんしよう》である法性《ほつしよう》における生起である。また万物の消滅《しようめつ》といっても法性における消滅である」〈注8〉と釈《しやく》しています。ここで「法性」とは、万物の本性であり、その実体《じつたい》は妙法蓮華経にほかなりません。

釈迦多宝《しやかたほう》の二仏《にぶつ》も生死の二法

続いて、「釈迦多宝の二仏も生死の二法なり」と仰せです。

虚空会《こくうえ》の宝塔《ほうとう》で並座《びようざ》する釈迦・多宝の二仏は、妙法蓮華経に具《そな》わる仏界《ぶつかい》が顕現《けんげん》した存在です。私たち凡夫《ぼんぷ》と同じく妙法の当体であり、生死を現《げん》ずる存在であるということです。

釈迦仏《ぶつ》とは、法華経本門《ほんもん》に説《と》かれる教主《きようしゆ》・釈尊《しやくそん》です。五百塵点劫《ごひやくじんてんごう》〈注9〉という久遠《くおん》以来、この現実の娑婆世界《しやばせかい》に常住《じようじゆう》して妙法を説き続ける仏《ほとけ》です。

法華経寿量品《じゅりょうほん》には、釈尊《しゃくそん》は久遠《くおん》に成仏《じょうぶつ》して以来、常住不滅《じょうじゅうふめつ》の仏《ほとけ》でありながら、衆生《しゅじょう》を成仏へと教《おし》え導《みちび》くために、巧《たく》みな方便《ほうべん》として涅槃《ねはん》の相《そう》を示《しめ》すことが明《あ》かされます。方便現《げん》涅槃です。これは、仏の生命の当体《とうたい》が、本質的《ほんしつてき》には永遠《えいえん》の妙法でありながら、現象面《げんしょうめん》としては「生《せい》から死《し》へ」と様相《ようそう》を転《てん》じるさまを示したものと見ることもできるでしょう。

一方、多宝仏《たほうぶつ》ですが、この仏は、遠《とお》い昔《むかし》に成仏し入滅《にゅうめつ》した古仏《こぶつ》です。法華経説法《せっぽう》の会座《えざ》に出現《しゅつげん》し、法華経が真実《しんじつ》であることを証明《しょうめい》します。このことは、妙法の当体が「死から生へ」と転じる様相を象徴《しょうちょう》しているともいえるでしょう。

いずれも、妙法を教え示すための生死《しょうじ》です。そのために妙法の当体である生命に本来的《ほんらいてき》に具《そな》わる生死を用《もち》いるのですから、釈迦《しゃか》・多宝の二仏《にぶつ》の生死は、まさに「妙法の生死」といえるのです。

仏界《ぶっかい》の生死

あらゆる生死は「妙法蓮華経の生死」です。

戸田先生は、よく、死後《しご》の生命は大宇宙《だいうちゅう》のなかに溶け込《とこ》むと語《かた》られていました。

この大宇宙の生命それ自体《じたい》が、十界具足《じっかいぐそく》の生命です。大宇宙そのものに地獄《じごく》もあり、餓《が》鬼《き》もあり、仏界《ぶっかい》もあります。私たちもまた、この大宇宙の地獄界なり、餓鬼界なり、菩薩《ぼさつ》界《かい》なり、そして仏界なりへと、それぞれの境界《きょうがい》へ溶け込んでいきます。

私たちの生命は、溶け込んでいるといっても、厳密《げんみつ》に言えば、もともと、宇宙の生命それ自体《じたい》です。本来《ほんらい》は、別々《べつべつ》のものではありません。ある意味《いみ》では、大宇宙は、大生命の海《うみ》です。大宇宙の海そのものが、刻々《こっこく》と変化を起《お》こしている。常に、動き、変化しながら、「生《せい》」と「死」のリズムを奏《かな》でている。

前回、確認《かくにん》したように、一次元《いちじげん》の譬喩《ひゆ》で言えば、私たち個々《ここ》の生命は、大宇宙という大《たい》海《かい》から生まれた「波頭《なみがしら》」のようなものです。波が起こることが、私たち個々の生命の「生」。また大海と一つになれば、私たちの生命の「死」です。

大宇宙に溶け込んだ死後の生命は、大海の中のうねりのようなものであり、決《けっ》して一個《いっか》所《しょ》に固《かた》まっているわけではない。大宇宙の生死《しょうじ》のリズムに合わせて、宇宙に遍満《へんまん》しながら、動いている。

戸田先生は、それが縁《えん》に応《おう》じて、宇宙中《うちゅうじゅう》から最《もっと》もふさわしい色心《しきしん》と環境《かんきょう》を選《えら》んで、一個の生命として生まれてくると語《かた》っていました。

仏界《ぶっかい》の生死《しょうじ》〈注10〉であれば、自分が生まれたいところに、生まれたい時に、生まれたい姿《すがた》で、自在《じざい》に生まれてくることができるのです。それが「妙法蓮華経の生死」なのです。ですから、「妙法蓮華経の生死」にあっては、死《し》は恐《おそ》れる必要《ひつよう》はありません。広大《こうだい》にして慈悲《じひ》の行業《ぎょうごう》に満《み》ち満ちた大宇宙そのものと一体化《いったいか》することが、仏界の死だからです。そしてまた、大宇宙の慈悲と生命力を体現《たいげん》して、再《ふたた》び生き生きと活動し、仏《ほとけ》と同じ振《ふ》る舞《ま》い、すなわち人を敬《うやま》い、万人《ばんにん》を救済《きゅうさい》する振る舞いを無上《むじょう》の喜《よろこ》びとして生き抜《ぬ》いていくのです。

生きている時は、生命の内《うち》に広大な仏界をあらわし、その大生命力で、この世《よ》の使命《しめい》を全《まっと》うしていく。南無妙法蓮華経の唱題《しょうだい》が、胸中《きょうちゅう》に広大な仏界を開《ひら》くための根源《こんげん》の実践《じっせん》であることは言うまでもありません。そして、死んでからは、大宇宙の仏界に溶《と》け込《こ》み、その永遠《えいえん》の生命を深《ふか》く味《あじ》わい、楽《たの》しんでいく。この仏界の生死こそ、「生《せい》も歓喜《かんき》、死も歓喜」という無上《むじょう》の生死なのです。

大聖人は御書に明確《めいかく》に仰《おお》せです。

「上上品《じょうじょうほん》の寂光《じゃっこう》の往生《おうじょう》を遂《と》げ須臾《しゅゆ》の間に九界生死《きゅうかいしょうじ》の夢《ゆめ》の中に還《かえ》り来《きた》つて身《み》を十方法界《じっぽうほうかい》の国土《こくど》に遍《へん》し心を一切有情《いっさいうじょう》の身中《しんちゅう》に入れて内《うち》よりは勧発《かんぼつ》し外よりは引導《いんどう》し内外《ないげ》相応《そうおう》し因縁和《いんねんわ》合《ごう》して自在神通《じざいじんずう》の慈悲《じひ》の力《ちから》を施《ほどこ》し広く衆生《しゅじょう》を利益《りやく》すること滞《とどこお》り有《あ》る可《べ》からず」（「三世諸仏《さんぜしょぶつ》総勘文教相廃立《そうかんもんきょうそうはいりゅう》」、全五七四㌻・新七二八㌻）

〈通解〉 最高の成仏《じょうぶつ》を遂げ、たちまちのうちに九界の生死の夢のなかに帰《かえ》ってきて、身を十方法界の国土にいきわたらせ、心を一切の有情の身の中に入れて、内からは仏道《ぶつどう》の心を起《お》こし、外からは仏道に入らせようと導《みちび》き、内外《ないがい》が相呼応《あいこおう》して、因《いん》（内因《ないいん》）と縁《えん》（外因《がいいん》）を和合させて、自在にして卓越《たくえつ》した慈悲の力を施し、広く衆生を利益することは自由《じゆう》自在であろう。

まさしくこの仰《おお》せの通りに、人を救《すく》うために生まれてこようとする生命は、「自在に」「滞りなく」すぐに生まれてくることができるのです。

これに対して、どこか、現実を離《はな》れたところに理想《りそう》の世界があり、死《し》んでその世界に永《えい》住《じゅう》することを求《もと》める生死観であれば、この現実世界を本源的《ほんげんてき》に変革《へんかく》することはできません。理想世界が「本《ほん》」であれば、この現実世界は「迹《しゃく》」であり「仮《かり》」の世界となってしまうからです。

「妙法蓮華経の生死《しょうじ》」こそが、この現実世界を自由自在《じゆうじざい》に遊戯《ゆうげ》しながら、力強《ちからづよ》く変革《へんかく》しゆく希望《きぼう》の生死観となります。

戸田先生は、常々語《つねづねかた》っていました。「真《しん》の永遠《えいえん》の生命が分かれば、人類《じんるい》の境涯《きょうがい》を高めることができる」と。また、それが根本《こんぽん》の民衆救済《みんしゅうきゅうさい》であるとも述《の》べておられました。「一切衆生《いっさいしゅじょう》を救《すく》う」とは具体的《ぐたいてき》にいかなることか。

戸田先生は次のように綴《つづ》られています。

「全人類を仏《ほとけ》の境涯、すなわち、最高の人格価値《じんかくかち》の顕現《けんげん》においたなら、世界に戦争もなければ飢餓《きが》もありませぬ。疾病《しっぺい》もなければ、貧困《ひんこん》もありませぬ。全人類を仏にする、全人類の人格を最高価値のものとする。これが『如来《にょらい》の事《じ》』を行《ぎょう》ずることであります」（『戸田城聖全集』第1巻）

世界中に地涌《じゆ》の菩薩《ぼさつ》が出現《しゅつげん》し、「永遠の生命」「妙法の生死」に人々が目覚《めざ》めていくならば、いまだかつてない生死観の革命《かくめい》が進み、無明《むみょう》の四苦《しく》に迷《まよ》ってきた人類の宿命転換《しゅくめいてんかん》が必《かなら》ずや成《な》し遂《と》げられていくでありましょう。

真の生死観を世界の思潮《しちょう》とし、二十一世紀を人類の境涯革命の本格的《ほんかくてき》な幕開《まくあ》けとする。

この創価の新《あら》たな挑戦《ちょうせん》が始まっているのです。

注

〈注1〉**【本有《ほんぬ》の生死《しょうじ》】** あらゆる生命に本来的《ほんらいてき》に具《そな》わっている生死。あらゆる生命は、宇宙根源《うちゅうこんげん》の妙法と一体《いったい》であり、生《せい》とは宇宙から縁《えん》に応《おう》じて一個の生命として生起《せいき》し十界《じっかい》それぞれの状態《じょうたい》として顕在化《けんざいか》している状態であり、死《し》とは宇宙に冥伏《みょうぶく》して十界具足《ぐそく》の妙法と一体となって潜在化《せんざいか》している状態である。生命は実《じつ》は、永遠《えいえん》にこの生死を繰《く》り返《かえ》している。

〈注2〉法華経寿量品《じゅりょうほん》では「如来《にょらい》は如実《にょじつ》に三界《さんがい》の相《そう》を知見《ちけん》するに、生死《しょうじ》の若《も》しは退《たい》、若しは出有《しゅつあ》ること無《な》く、亦在世《またざいせ》及《およ》び滅度《めつど》の者《もの》無く、実《じつ》に非《あら》ず虚《こ》に非ず、如《にょ》に非ず異《い》に非ず、三界の三界を見るが如《ごと》くならず。斯《か》くの如きの事《じ》を、如来は明《あき》らかに見て、錯謬有《しゃくみょうあ》ること無ければなり」（法華経四八一ページ《ぺージ》）と説《と》き、凡夫《ぼんぷ》が見ている迷《まよ》いの生死の輪廻《りんね》は虚妄《こもう》なものであると示《しめ》す一方、久遠《くおん》の仏《ほとけ》が三世常住《さんぜじょうじゅう》でありながら衆生《しゅじょう》を教化《きょうけ》するために様々な姿《すがた》を示しながら生死を現《げん》じていることが明《あ》かされる。

〈注3〉**【四聖《ししょう》】** 衆生《しゅじょう》の生命境涯《きょうがい》である十界《じっかい》のうち、上から四つで、仏《ほとけ》・菩《ぼ》薩《さつ》・縁覚《えんがく》・声聞《しょうもん》をいう。

仏法の覚《さと》りを分々《ぶんぶん》に得《え》ている境地《きょうち》である。

〈注4〉中国の南北朝末《なんぼくちょうまつ》から隋代《ずいだい》に法華経を宣揚《せんよう》し中国の天台宗《てんだいしゅう》を確立《かくりつ》した天台大師《だいし》智顗《ちぎ》（五三八年〜五九七年）が『法華玄義《ほっけげんぎ》』巻七で蓮華《れんげ》について釈《しゃく》した中の「当《まさ》に知るべし依正《えしょう》の因果《いんが》は悉《ことごと》く是《こ》れ蓮華の法なり」（全一三三六ページ・新一七七四ページ）の文《もん》。

〈注5〉**【歴劫修行《りゃっこうしゅぎょう》】**無数《むすう》の劫《こう》（長遠《ちょうおん》な期間）を歴《へ》て、いくつもの生死《しょうじ》にわたって仏道《ぶつどう》修行を段階的《だんかいてき》に進めていってはじめて覚《さと》りに至《いた》る修行。小乗教《しょうじょうきょう》では三祇《さんぎ》・百劫などにわたる修行を説《と》き、権大《ごんだい》乗教《じょうきょう》では無数劫などにわたる修行を説く。

〈注6〉平安《へいあん》時代に日本に天台宗《てんだいしゅう》を伝《つた》え比叡山《ひえいざん》に延暦寺《えんりゃくじ》を開創《かいそう》した伝教大師最澄《でんぎょうだいしさいちょう》（七六七年あるいは七六六年〜八二二年）に帰《き》せられている『天台法華宗牛頭法門要纂《てんだいほっけしゅうごずほうもんようさん》』の文《もん》。

〈注7〉日蓮大聖人御在世《ございせ》当時の宇宙観《うちゅうかん》は、大要《たいよう》次のように考えられていた。——大枠《おおわく》としては、仏教が説《と》くように、成《じょう》（生成《せいせい》）・住《じゅう》（安定《あんてい》）・壊《え》（破壊《はかい》）・空《くう》（潜在化《せんざいか》）という四つの段階《だんかい》が繰《く》り返《かえ》され、衆生《しゅじょう》が居住《きょじゅう》する空間《くうかん》としては三界六道《さんがいろくどう》の世界があると考えられた。生成・変化・消滅《しょうめつ》の過程《かてい》は、中国思想《しそう》を援用《えんよう》して説明《せつめい》された。すなわち、未分化《みぶんか》の混沌《こんとん》で究極《きゅうきょく》の一者《いっしゃ》である太極《たいきょく》が陰陽《いんよう》に分かれ、天地《てんち》を創出《そうしゅつ》し、陽の極《きわ》みである太陽の日や陰《いん》の極みである太陰《たいいん》の月を生み出していく。また陰陽のバランスの中で、五行《ごぎょう》すなわち木《もく》・火《か》・土《ど》・金《こん》・水《すい》という五元素《げんそ》が生まれ、それが和合《わごう》して万物《ばんぶつ》を生成し、また万物が消滅する時、五元素に分解《ぶんかい》・還元《かんげん》され、木は木の精《せい》が結集《けつしゅう》した木星《もくせい》に、水は水の精が結集した水星《すいせい》に、というように、宇宙の中に帰《かえ》っていく。

〈注8〉『摩訶止観《まかしかん》』巻五で、無明《むみょう》（生命の根源的《こんげんてき》な迷《まよ》い）も本来《ほんらい》は法性《ほっしょう》（仏《ほとけ》の覚《さと》りそのもの。万物《ばんぶつ》の本性《ほんしょう》）であり、その真実《しんじつ》を信じることによって自身の生命が法性として現《あらわ》れてくることを述《の》べた部分の結《むす》びにある「起《き》は是《こ》れ法性の起・滅《めつ》は是れ法性の滅」の文《もん》。

〈注9〉**【五百塵点劫《ごひゃくじんてんごう》】** 法華経如来寿量品《にょらいじゅりょうほん》第十六で説《と》かれる長遠《ちょうおん》な過去《かこ》の時。五百千万億那由他阿僧《ごひゃくせんまんのくなゆたあそう》祇《ぎ》の三千大千世《さんぜんだいせんせ》界《かい》の国土《こくど》を粉々《こなごな》にすりつぶして微塵《みじん》とし、東方《とうほう》五百千万億那由他阿僧祇の国を過《す》ぎて一塵《いちじん》を落《お》とし、以下同様《どうよう》にしてすべて微塵を下《おろ》し尽《つ》くして、今度は下した国土も下さない国土も悉《ことごと》く合わせて微塵にし、その一塵を一劫《いっこう》とする、またそれに過ぎた長遠な時である。

〈注10〉**【仏界《ぶっかい》の生死《しょうじ》】** 自身が宇宙《うちゅう》と生命を貫《つらぬ》く妙法蓮華経の当体《とうたい》であり、自身の生死は妙法蓮華経の生死であると覚知《かくち》し、大宇宙に具《そな》わる大慈悲《だいじひ》と生命力を体現《たいげん》して万人救済《ばんにんきゅうさい》という仏《ほとけ》の振《ふ》る舞《ま》いを行《おこな》いながら生《せい》と死《し》を自在《じざい》に転《てん》じていくこと。

第5回

妙法蓮華経の受持《じゅじ》

――民衆救済《みんしゅうきゅうさい》の誓願《せいがん》に生き永遠《えいえん》に「仏界《ぶっかい》の生死《しょうじ》」を

御文

然《しか》れば久遠実成《くおんじつじょう》の釈尊《しゃくそん》と皆成仏道《かいじょうぶつどう》の法華経と我等衆生《われらしゅじょう》との三つ全《まった》く差《さ》別《べつ》無《な》しと解《さと》りて妙法蓮華経と唱《とな》え奉《たてまつ》る処《ところ》を生死一大事《いちだいじ》の血脈《けつみゃく》とは云《い》うなり、此《こ》の事但《ことただ》日蓮が弟子《でし》檀《だん》那《な》等の肝要《かんよう》なり法華経を持《たも》つとは是《これ》なり（全一三三七ジペー・新一七七四ジペー）

通解

したがって、久遠実成《くおんじつじょう》の釈尊《しゃくそん》と、万人《ばんにん》が成仏《じょうぶつ》するための法である法華経と、私たち衆生《しゅじょう》の三つは全《まった》く差別《さべつ》がないと理解《りかい》し確信《かくしん》して、妙法蓮華経と唱《とな》えたてまつるところを「生死一大事《しょうじいちだいじ》の血脈《けつみゃく》」というのである。

このことは日蓮の弟子《でし》檀那《だんな》らにとっての肝要《かんよう》である。法華経を持《たも》つとは、このことを言うのである。

講義

「迷《まよ》いの生死」から「仏界《ぶっかい》の生死」へ

南無妙法蓮華経こそ「生死一大事」の大法《だいほう》です。凡夫《ぼんぷ》の「迷いの生死」を、仏《ほとけ》の「仏界の生死《しょうじ》」へと転換《てんかん》できる唯一《ゆいいつ》の大法《だいほう》だからです。そして、この大転換を可能《かのう》にする生死観が、本抄で明《あ》かされた「妙法蓮華経の生死」です。

「妙法」は、無始無終《むしむしゅう》の根源《こんげん》の法です。「生《せい》」と「死《し》」は、この宇宙《うちゅう》根源の法である妙法に本来具《ほんらいそな》わる本有《ほんぬ》の実相《じっそう》なのです。

この妙法を信受《しんじゅ》し、「迷《まよ》いの生死」を打《う》ち破《やぶ》れば、「本有の生死」に立《た》ち戻《もど》ることができます。この時、「妙法」即《そく》「生死の二法《にほう》」に具わる大転換の力《ちから》が発動《はつどう》します。それは、因《いん》果倶時《がぐじ》・十界互具《じっかいごぐ》の法理《ほうり》に基《もと》づく力用《りきゆう》であり、「蓮華《れんげ》の法」〈注1〉と言われます。

この「本有の法」かつ「蓮華の法」としての生死を、本抄では「妙法蓮華経の生死」と言われているのです。

万物《ばんぶつ》は「妙法蓮華経の生死」のリズムを刻《きざ》んでいます。万物の起滅《きめつ》、あらゆる生命の生と死は、「妙法蓮華経の生死」である。ゆえに、千変万化《せんぺんばんか》の変化も可能なのです。

人間は通常《つうじょう》、この生死観がわからないために、迷いの生死の中に沈《しず》み、苦《くる》しんでいます。しかし、仏《ほとけ》は自他《じた》の生命に、この「妙法蓮華経の生死」を覚知《かくち》し、迷いの生死の苦悩《くのう》を克服《こくふく》した、安穏《あんのん》の大境涯《だいきょうがい》を開《ひら》かれました。

この仏《ほとけ》が三世《さんぜ》にわたって生《い》き抜《ぬ》く生死《しょうじ》が「仏界《ぶっかい》の生死」です。

迷《まよ》いの生死を超《こ》えて安穏《あんのん》の大境涯《だいきょうがい》を

迷いの生死観の典型例《てんけいれい》である「断見《だんけん》」や「常見《じょうけん》」については、すでに述《の》べました（第1回）。

本来《ほんらい》は、衆生《しゅじょう》の生死も「妙法蓮華経の生死」です。しかし、自身に迷い、欲望《よくぼう》に執着《しゅうちゃく》していく無明《むみょう》の暗雲《あんうん》に覆《おお》われて、その実相《じっそう》を正《ただ》しく見ることができない。かえって「迷いの生死」に執着してしまうのです。

これに対して、法華経寿量品《じゅりょうほん》に説《と》かれているように、三界《さんがい》〈注2〉の衆生を如実知見《にょじつちけん》する仏の智慧《ちえ》から見れば、衆生自身が思っているような「迷いの生死」は幻想《げんそう》に過《す》ぎません。三界の現実にあって迷い、苦《くる》しむ衆生に、「本有《ほんぬ》の生死」という生命の本質《ほんしつ》に目覚《めざ》めさせるために、仏は智慧を尽《つ》くして法を説くのであると述べられております〈注3〉。

寿量品では、そのために釈尊《しゃくそん》自身の「久遠実成《くおんじつじょう》」が明《あ》かされます。これは、いわば釈尊自身が三世永遠《さんぜえいえん》にわたって貫《つらぬ》いている「仏界《ぶっかい》の生死《しょうじ》」という仏法の究極《きゅうきょく》の生死観が示《しめ》されているのです。

仏《ほとけ》が如実知見《にょじつちけん》する「本有《ほんぬ》の生死」とは、そのまま久遠実成《くおんじつじょう》の釈尊《しゃくそん》に即《そく》して明《あ》かされる「仏界の生死」にほかなりません。言《い》い換《か》えれば、寿量品《じゅりょうほん》の釈尊が生《い》き抜《ぬ》く「仏界の生死」とは、そのまま衆生《しゅじょう》が生きる本来《ほんらい》の生死なのです。

私たちが「仏界の生死」に生きた時、私たちの「生《せい》」も「死《し》」も、「妙法蓮華経の生死」として無上《むじょう》の光輝《こうき》を放《はな》ちます。

現実世界に生きている「生」においては、内《うち》から仏界という清浄《せいじょう》なる生命が涌現《ゆげん》し、一切《いっさい》の困難《こんなん》と戦《たたか》う偉大《いだい》なる力《ちから》となる。それは、あらゆる苦難《くなん》を乗《の》り越《こ》え、勝利の人生を築《きず》きあげる原動力《げんどうりょく》となります。

そして、仏界を涌現しながら現実を戦うことによって磨《みが》き抜かれた生命は、今世《こんぜ》の使命《しめい》を終《お》えた死後《しご》には、宇宙《うちゅう》の仏界に溶《と》け込《こ》みます。そして、広大無辺《こうだいむへん》の大境涯《だいきょうがい》を楽《たの》しむ自受《じじゅ》法楽《ほうらく》〈注4〉の境地《きょうち》を味《あじ》わうとともに、大宇宙の本然《ほんねん》の慈悲《じひ》と一体《いったい》の生命になるのです。

さらに、その慈悲に促《うなが》されて、苦悩《くのう》する衆生を救《すく》うために、次の現実世界の「生」へと躍《やく》動《どう》の出発を開始します。こうして「仏界《ぶっかい》の生死《しょうじ》」が繰《く》り返《かえ》されるのです。「仏界の生死」に基《もと》づけば、あたかも良き睡眠《すいみん》が新《あら》たな生《せい》の活力《かつりょく》を生むように、「死《し》」は次の新たな「生」への充足期間《じゅうそくきかん》となります。

大聖人は仰《おお》せです。

「いきて《生》をはしき時は生の仏《ほとけ》・今は死の仏・生死ともに仏なり、即身成仏《そくしんじょうぶつ》と申《もう》す大事《だいじ》の法門《ほうもん》これなり」(全一五〇四ジペー・新一八三二ジペー)

「生死ともに仏」――まさに「仏界の生死」です。一切衆生《いっさいしゅじょう》を根源《こんげん》の生死に目覚《めざ》めさせ、万人《ばんにん》の成仏を実現する。そのことこそが、「生死一大事血脈《いちだいじけつみゃく》」の根本《こんぽん》目的です。

生死一大事血脈のための信心の要件《ようけん》

以上に述《の》べた「仏界の生死」という生命の真実《しんじつ》の道を歩《あゆ》むために、日蓮門下《もんか》は、「生死一大事の大法《だいほう》」である南無妙法蓮華経を、どう受持《じゅじ》していくべきか。本抄では、その答えが幾重《いくえ》にも説《と》かれ、重要《じゅうよう》な信心の要件が明《あ》かされていきます。

その第一が、「仏界《ぶっかい》の生死《しょうじ》」を、どこまでも、自身の「生《せい》と死《し》」の本来《ほんらい》の姿《すがた》であると捉《とら》えていく信心です。

すなわち、「然《しか》れば久遠実成《くおんじつじょう》の釈尊《しゃくそん》と皆成仏道《かいじょうぶつどう》の法華経と我等衆生《われらしゅじょう》との三つ全《まった》く差《さ》別無《べつな》しと解《さと》りて妙法蓮華経と唱《とな》え奉《たてまつ》る処《ところ》を生死一大事《いちだいじ》の血脈《けつみゃく》とは云《い》うなり」と仰《おお》せです。

ここで、「久遠実成の釈尊」「皆成仏道の法華経」「我等衆生」の三つを並《なら》べて、「全く差別無し」と言われていることが重要《じゅうよう》です。

衆生が「仏界の生死」を自覚《じかく》するためには、「仏界の生死」の体現者《たいげんしゃ》である「仏《ほとけ》」の存在と、「仏界の生死」を明示《めいじ》した「法」の存在が不可欠《ふかけつ》なのです。

①「仏界の生死」を体現した久遠実成の釈尊

まず「久遠実成の釈尊」とは、仏界の生死を体現した仏です。

寿量品《じゅりょうほん》では、釈尊が久遠五百塵点劫《ごひゃくじんてんごう》という過去《かこ》遠遠劫《おんのんごう》に成仏《じょうぶつ》して以来、永劫《えいごう》の未来《みらい》まで、すなわち実質的《じっしつてき》には無始無終《むしむしゅう》にわたり、仏の生命が続くことが説《と》き示《しめ》されています。

この久遠実成《くおんじつじょう》の釈尊《しゃくそん》は、始成正覚《しじょうしょうがく》の仏《ほとけ》〈注6〉に比《くら》べて、単に「仏寿《ぶつじゅ》」がはるかに長いというだけではありません。両者は、仏としての生死《しょうじ》の意味《いみ》が異《こと》なるのです。

始成正覚の仏は、「涅槃《ねはん》」などの永遠《えいえん》の世界に入り、生死から離脱《りだつ》していく存在です〈注7〉。これに対して、久遠実成の仏は、この娑婆世界《しゃばせかい》にあって、永遠に衆生教化《しゅじょうきょうけ》に戦《たたか》い続けるために、「仏界《ぶっかい》の生死」を現《あらわ》していくのです。

このように、経典《きょうてん》には種々《しゅじゅ》の仏が説《と》かれますが、法華経の久遠実成の釈尊に至《いた》って、初めて「仏界の生死」が成《な》り立《た》ちます。久遠実成の釈尊とは「仏界の生死」の体現者《たいげんしゃ》であると言うことができます。

②「仏界の生死」に生《い》き抜《ぬ》くことを教《おし》えた「皆成仏道《かいじょうぶつどう》の法華経」

次は「皆成仏道の法華経」です。これまでは、法華経の「皆成仏道」(皆《みな》、仏道を成《じょう》ず)の意義《いぎ》を、どちらかというと、二乗《にじょう》や悪人《あくにん》・女人《にょにん》の成仏を許《ゆる》さない爾前権経《にぜんごんきょう》との対比《たいひ》において論《ろん》じられてきたことが多かった。もちろん、法華経の卓越性《たくえつせい》を権経との相対《そうたい》のうえで論《ろん》ずることには甚深《じんじん》の意義《いぎ》があります。しかし、ここでは、「皆成仏道の法華経《かいじょうぶつどう》」の意義を「仏界《ぶっかい》の生死《しょうじ》」という観点《かんてん》から確認《かくにん》しておきたい。

確《たし》かに「皆成仏道の法華経」の意義の第一は、言うまでもなく、法華経にのみ万人成仏《ばんにんじょうぶつ》が説《と》かれている、ということです。

それとともに、法華経には、永遠《えいえん》に衆生救済《しゅじょうきゅうさい》に生《い》き抜《ぬ》くという仏《ほとけ》の本来《ほんらい》の誓願《せいがん》が説かれている。そして、仏とともに民衆《みんしゅう》救済の慈悲《じひ》の実践《じっせん》を貫《つらぬ》く菩薩《ぼさつ》の誓願が説かれているところに、大乗経典《だいじょうきょうてん》の精髄《せいずい》である法華経の真価《しんか》があると言えます。

方便品《ほうべんぼん》第二で、仏自身が「如我等無異《にょがとうむい》〈注8〉」という誓願を成就《じょうじゅ》したことが説かれ、併《あわ》せて、それは一切《いっさい》の仏の願《ねが》いにほかならないことも示《しめ》されています。

そして法華経迹門《しゃくもん》の開三顕一《かいさんけんいち》〈注9〉の説法《せっぽう》で、一貫《いっかん》して強調《きょうちょう》しているのは、この誓願に生き抜いてこそ声聞《しょうもん》・縁覚《えんがく》の二乗《にじょう》や菩薩たちの成仏があるということです。

釈尊《しゃくそん》が、何ゆえに二乗の舎利弗《しゃりほつ》たちを弾呵《だんか》してきたのか。その一つは彼らが肉体《にくたい》の老《お》いが見えた時、心まで老いてしまったからです。〝自分たちは老いた。歩《あゆ》める境地《きょうち》はここまでだ。この境地で満足《まんぞく》しよう〟などと、心に限界《げんかい》をもうけてしまった。これは、苦悩《くのう》にあえぐ民衆を救うという「戦う心」を忘れた姿です。

この二乗《にじょう》の問題において法華経で強調《きょうちょう》されていることは、〝過去世《かこせ》の誓願《せいがん》を思い出せ〟という一点です。

例《たと》えば、迹門《しゃくもん》では、法華経を説《と》くのは過去世における菩薩《ぼさつ》としての本願《ほんがん》を思《おも》い起《お》こさせるためであることが、譬喩品《ひゆほん》・化城喩品《けじょうゆほん》・五百弟子受記品《ごひゃくでしじゅきほん》などで強調されている〈注10〉。

また、法華経の七譬《しちひ》の一つ「衣裏珠《えりしゅ》の譬《たと》え」〈注11〉は、大願《だいがん》に立《た》ち返《かえ》ることが、本来《ほんらい》の自分に立ち返ることになると教《おし》えています。この大願を思い起こし、声聞《しょうもん》たちは、身《み》は声聞の姿として現《あらわ》れているが、自分たちの内面《ないめん》は菩薩であったとの本地《ほんち》を自覚《じかく》して、歓喜勇《かんきゆう》躍《やく》していきます。

そして、法華経本門《ほんもん》においては、妙法を所持《しょじ》し、民衆救済《きゅうさい》の誓願に立った地涌《じゆ》の菩薩が出現《しゅつげん》し、さらには、釈尊《しゃくそん》が久遠《くおん》から仏《ほとけ》として民衆救済の誓願に生き続け、これからも貫《つらぬ》いていくことが明《あ》かされます。

この「民衆救済の誓願」とは、「仏界《ぶっかい》の生死《しょうじ》」が現実に現れた生き方にほかなりません。自身の生命の根底《こんてい》には、崇高《すうこう》な誓願があると目覚《めざ》めることです。

この誓願《せいがん》を忘《わす》れ、真実《しんじつ》を求《もと》めようとしないことが、迷《まよ》いの根本原因《こんぽんげんいん》です。
法華経は万人《ばんにん》の成仏《じょうぶつ》を説《と》き明《あ》かした経典《きょうてん》です。それは、言《い》い換《か》えれば、万人の一人《ひとり》一人に、「宇宙《うちゅう》の慈悲《じひ》の行業《ぎょうごう》」〈注12〉のままに振《ふ》る舞《ま》う生命の本源《ほんげん》の生き方へ力強《ちからづよ》く歩《あゆ》ませていく経典であるということです。

以上のように、「皆成仏道《かいじょうぶつどう》の法華経」とは、〝万人の成仏を明かした経典・法華経〟という意味《いみ》だけでなく、〝万人の成仏を実現する誓願の実践《じっせん》を促《うなが》す経典・法華経〟という意味が込《こ》められています。いわば、法華経には「皆《みな》が仏《ほとけ》」という真理《しんり》と、「皆を仏に」という実践の両面が説き示《しめ》されています。

万人の成仏を実現する実践こそ「仏界《ぶっかい》の生死《しょうじ》」を開《ひら》く原動力《げんどうりょく》であるがゆえに、「皆成仏道の法華経」とは〝万人に「仏界の生死」を実現させゆく経典〟である、と言えるのです。

③「一体《いったい》」「無差別《むさべつ》」であると信解《しんげ》し「仏界の生死」に生きる衆生《しゅじょう》

「久遠実成《くおんじつじょう》の釈尊《しゃくそん》と皆成仏道の法華経と我等《われら》衆生との三つ全《まった》く差別無《な》し」とは、真実の仏《ほとけ》の本質《ほんしつ》も、真実《しんじつ》の仏法の本質も、そして、私たち衆生《しゅじょう》の生命の本質も「仏界《ぶっかい》の生死《しょうじ》」にほかならない、ということです。

自分自身が、「久遠実成《くおんじつじょう》の釈尊《しゃくそん》」と「皆成仏道《かいじょうぶつどう》の法華経」と全《まった》く差別《さべつ》がないと理解《りかい》し確《かく》信《しん》して、南無妙法蓮華経と唱《とな》えてこそ、私たちもまた、三世《さんぜ》永遠《えいえん》に「仏界の生死」に連《つら》なることができるのです。

「全く差別無《な》し」です。いささかでも違《ちが》いがあると思うのは、無明《むみょう》から生《しょう》じた迷《まよ》いの生命です。自身が「仏界の生死」を貫《つらぬ》く当体《とうたい》であると捉《とら》えてこそ、日蓮大聖人の仏法を真《しん》に実践《じっせん》することになります。

そして、「全く差別無しと解《さと》りて」とあります。「解りて」とは単に頭《あたま》で分かるということではなく、「信解《しんげ》」すなわち「信に基《もと》づく理解」「心からの納得《なっとく》」でなければなりません。生命の奥底《おうてい》で深《ふか》く納得するためには、不惜身命《ふしゃくしんみょう》の実践《じっせん》が不可欠《ふかけつ》です。決定《けつじょう》した信心で広《こう》宣流布《せんるふ》のために戦《たたか》ってこられた学会員の方々《かたがた》には、その戦いの中に「信解」が脈打《みゃくう》っています。地涌《じゆ》の菩薩《ぼさつ》として、南無妙法蓮華経を弘《ひろ》める使命《しめい》に生き、悔《く》いなく戦い切っている姿《すがた》に、すでに「久遠実成の釈尊」「皆成仏道の法華経」と全く等《ひと》しい南無妙法蓮華経の仏界の大生命が涌現《ゆげん》しているのです。

一人一人《ひとりひとり》が妙法の当体《とうたい》として、日蓮大聖人即《そく》御本尊の生命が赫々《かっかく》と涌現し、妙法と一体《いったい》の生命活動を繰《く》り広《ひろ》げているのです。

今世《こんぜ》で妙法と一体化した生命は、死後《しご》もまた、妙法と一体化し、次の「生《せい》」もまた、妙法の使命《しめい》を果《は》たす「生」となります。それが「仏界の生死《ぶっかいのしょうじ》」の本然《ほんねん》の姿《すがた》であり、慈悲《じひ》の行業《ぎょうごう》に生ききっていく生命です。

凡夫《ぼんぷ》がこの境地《きょうち》に到達《とうたつ》するために、大聖人は南無妙法蓮華経を唱《とな》え弘《ひろ》められました。大聖人と同じく妙法を唱え弘める大聖人門下《もんか》には「生死一大事《いちだいじ》の血脈《けつみゃく》」の法が流《なが》れ通《かよ》い、「仏界の生死」に直《ただ》ちに連《つら》なることができる。また、そのための日蓮大聖人の仏法の信仰《しんこう》です。ゆえに「此《こ》の事但《ことただ》日蓮が弟子《でし》檀那《だんな》等の肝要《かんよう》なり」とも「法華経を持《たも》つとは是《これ》なり」とも仰《おお》せられているのです。

「弟子檀那等の肝要」――弟子の道の根本《こんぽん》とは、何か。

仏《ほとけ》の願《ねが》いであり、日蓮大聖人の大願《だいがん》である広宣流布《こうせんるふ》に生きることです。

法華経の精神《せいしん》、すなわち、万人成仏《ばんにんじょうぶつ》の実践《じっせん》に生きることです。

その中に「仏界《ぶつかい》の生死《しょうじ》」の法が脈動《みゃくどう》するのです。それでこそ、真《しん》の意味《いみ》で「法華経を持《たも》つ」といえるのです。

「法華経を持つ」真実《しんじつ》の生き方

法華経は「更賜寿命《きょうしじゅみょう》〈注13〉」の経典《きょうてん》です。生命力の本源《ほんげん》である仏界の生命を現《あらわ》す力《ちから》が、法華経の肝心《かんじん》である南無妙法蓮華経にあるからです。

大聖人と同じ精神《せいしん》、同じ広宣流布《こうせんるふ》の大願《だいがん》をもって題目《だいもく》を唱《とな》える人は、「仏界の生死」に連《つら》なることができ、根源《こんげん》の生命力を発揮《はっき》することができます。

法華経には生命を生き生きと若々《わかわか》しく蘇生《そせい》させゆく力があります。「生《せい》」においては、「年《とし》は若くなり、福《ふく》は重《かさ》なる」（全一一三五ジペー・新一五四三ジペー、趣意）です。「死《し》」においては、仏界の大生命と一体《いったい》となり、根源の生命力を、充電《じゅうでん》させることができます。

末法《まっぽう》に、法華経の精神を貫《つらぬ》いて、大聖人直結《ちょっけつ》で広宣流布へ進んでいる学会員こそ、「久《く》遠実成の釈尊《おんじつじょうしゃくそん》」と「皆成仏道《かいじょうぶつどう》の法華経」と全《まった》く差別《さべつ》がない尊《とうと》い方々《かたがた》です。

戸田先生は言われた。

「成仏《じょうぶつ》の境涯《きょうがい》をいえば、いつもいつも生まれてきて力強《ちからづよ》い生命力にあふれ、生まれてきた使命《しめい》のうえに思うがままに活動して、その所期《しょき》の目的を達《たっ》し、だれにもこわすことのできない福運《ふくうん》をもってくる。このような生活が何十度、何百回、何千回、何億万《なんおくまん》べんと、楽《たの》しく繰《く》り返《かえ》されるとしたら、さらに幸福なことではないか。この幸福生活を願《ねが》わないで、小さな幸福にガツガツしているのは、かわいそうというよりほかにない」(『戸田城聖全集』第3巻)

仏《ほとけ》の本源《ほんげん》の生き方に直結《ちょっけつ》しているから、学会員は根源《こんげん》の生命力に満《み》ちあふれているのです。

久遠《くおん》の慈悲《じひ》の行業《ぎょうごう》を実践《じっせん》しているから、学会員は、何があっても根本《こんぽん》は明るいし、また楽しいのです。

「仏界《ぶっかい》の生死《しょうじ》」に連《つら》なっているから、創価の師弟《してい》の生命は、強靭《きょうじん》であり、負《ま》けない。真《しん》の生死観に生きゆく私たちは、真の哲学《てつがく》を持つ賢者《けんじゃ》であり、真の信念《しんねん》に生きる勇者《ゆうしゃ》です。学会員の慈悲の実践に、人類《じんるい》の生死観の模範《もはん》があり、境涯革命《かくめい》の先駆《せんく》があるのです。

注

〈注1〉【蓮華《れんげ》の法】因果倶時《いんがぐじ》のこと。華《はな》が咲《さ》くと同時に実《み》がなる蓮華の特性《とくせい》を用《もち》いて因果倶時を譬《たと》える。

〈注2〉【三界《さんがい》】衆生《しゅじょう》が輪廻《りんね》する世界である欲界《よっかい》、色界《しきかい》、無色界《むしきかい》の三つの世界。欲界とは欲望《よくぼう》に束縛《そくばく》される世界。色界とは欲望から離《はな》れるが物質《ぶっしつ》の制約《せいやく》が残《のこ》る世界。無色界とは欲望と物質の制約を超越《ちょうえつ》した純然《じゅんぜん》たる精神《せいしん》世界であるが輪廻を免《まぬか》れない。

〈注3〉法華経如来寿量品《にょらいじゅりょうほん》には「如来は如実《にょじつ》に三界《さんがい》の相《そう》を知見《ちけん》するに、生死《しょうじ》の若《も》しは退《たい》、若しは出《しゅつ》有《あ》ること無《な》く、亦在世《またざいせ》及《およ》び滅度《めつど》の者《もの》無く、実《じつ》に非《あら》ず虚《こ》に非ず、如《にょ》に非ず異《い》に非ず、三界の三界を見るが如《ごと》くならず。斯《か》くの如きの事《じ》を、如来は明《あき》らかに見て、錯謬有《しゃくみょうあ》ること無ければなり」（法華経四八一㌻）と説《と》かれている。

〈注4〉【自受法楽《じじゅほうらく》】自《みずか》ら妙法の功徳《くどく》である真《しん》の安楽《あんらく》を受けること。

〈注5〉【即身成仏《そくしんじょうぶつ》】衆生《しゅじょう》が凡夫《ぼんぷ》のその身《み》のままで仏《ほとけ》に成《な》ること。爾前諸経《にぜんしょきょう》では衆生は歴劫修行《りゃっこうしゅぎょう》を経《へ》て九界《きゅうかい》を脱《だっ》して仏になると説《と》かれた。しかし法華経提婆達多品《だいばだったほん》で、竜女《りゅうにょ》が歴劫修行によらず妙法の功力《くりき》によって凡夫の肉身《にくしん》のままの姿《すがた》で成仏《じょうぶつ》する現証《げんしょう》が示《しめ》された。

〈注6〉**【始成正覚《しじょうしょうがく》の仏《ほとけ》】** 始成正覚とは、始めて正覚（仏の正《ただ》しい覚《さと》り）を成《じょう》ずる、という意味《いみ》。果《は》てしない歴劫修行《りゃっこうしゅぎょう》によって九界《きゅうかい》を断滅《だんめつ》し、今世《こんぜ》ではじめて成仏《じょうぶつ》した仏のこと。

〈注7〉小乗教《しょうじょうきょう》の涅槃《ねはん》は、心身《しんしん》を完全に滅《めつ》する灰身滅智《けしんめっち》であり、権大乗教《ごんだいじょうきょう》では娑婆世界《しゃばせかい》以外の浄土《じょうど》に住む仏《ほとけ》が説《と》かれた。

〈注8〉**【如我等無異《にょがとうむい》】**「我《わ》が如《ごと》く等《ひと》しくして異《こと》なること無《な》からしめん」と読む。法華経方便品《ほうべんぽん》第二の文《もん》（法華経一三〇㌻）。仏《ほとけ》の誓願《せいがん》は、自分（仏）と等しい境地《きょうち》に全《すべ》ての衆生《しゅじょう》を導《みちび》くことであるということ。

〈注9〉**【開三顕一《かいさんけんいち》】** 法華経迹門《しゃくもん》で、法華経以前の諸経《しょきょう》で説《と》かれた声聞《しょうもん》・縁覚《えんがく》・菩薩《ぼさつ》を目指《めざ》す修行《しゅぎょう》は方便《ほうべん》の教《おし》えであり、仏《ほとけ》の真意《しんい》は万人《ばんにん》を成仏《じょうぶつ》に導《みちび》く一仏乗《いちぶつじょう》の法華経であると明《あ》かしたこと。

〈注10〉譬喩品《ひゆほん》には、「我《われ》は今還《かえ》って汝《なんじ》をして本願《ほんがん》もて行《ぎょう》ずる所の道《どう》を憶念《おくねん》せしめん」（法華経一五五㌻）とあり、舎利弗《しゃりほつ》に過去《かこ》の本願を思《おも》い起《お》こさせるために法華経を説《と》いたとされる。化城喩品《けじょうゆほん》では、声聞《しょうもん》の弟子《でし》に、三千塵点劫《さんぜんじんてんごう》の過去に師《し》である釈迦菩薩《しゃかぼさつ》と共に菩薩行《ぎょう》を行じたという因縁《いんねん》を思い起こさせるために「在在《いたるところ》の諸仏《しょぶつ》の土《ど》に　常に師と倶《とも》に生《しょう》ず」（法華経三一七㌻）等と説かれ、五百弟子《ごひゃくでし》受記品《じゅきほん》では「唯仏世尊《ただぶつせそん》のみ能《よ》く我等《われら》が深心《じんしん》の本願を知《し》ろしめせり」（法華経三二五㌻）と説かれている。『法華経の智慧《ちえ》』では、これら過去の本願とは「自他共《じたとも》の幸福を願《ねが》う心」をいうことが論《ろん》じられている。

〈注11〉**【衣裏珠《えりしゅ》の譬《たと》え】** 法華経の七譬《しちひ》の一つ。五百弟子受記品《ごひゃくでしじゅきほん》に説《と》かれる。無価《むげ》の宝珠《ほうしゅ》が内衣《ないい》の裏《うら》に縫《ぬ》いつけられていることを知らず、貧窮《ひんきゅう》のなか諸国《しょこく》を遍歴《へんれき》した人物が、珠《たま》を縫いつけた友人から宝珠が隠《かく》されていることを知らされ、大《おお》いに歓喜《かんき》した。宝珠は仏性《ぶっしょう》を譬える。

〈注12〉**【宇宙《うちゅう》の慈悲《じひ》の行業《ぎょうごう》】** 戸田第二代会長は、「そもそも、この宇宙は、みな仏《ほとけ》の実体《じったい》であって、宇宙の万象《ばんしょう》ことごとく慈悲の行業である。されば、慈悲は宇宙の本然《ほんねん》のすがたというべきである」(『戸田城聖全集』第3巻)等と語《かた》っている。

〈注13〉**【更賜寿命《きょうしじゅみょう》】** 法華経如来寿量品《にょらいじゅりょうほん》に説《と》かれる文《もん》(法華経四八五ジペー)で、「更《さら》に寿命を賜《たま》え」と読む。良医病子《りょういびょうし》の譬《たと》えのなかで、毒《どく》を飲《の》んだ子らが父である良医に治療《ちりょう》と施薬《せやく》を求《もと》めた言葉。

第6回

臨終只今《りんじゅうただいま》と臨終正念《しょうねん》

――「今」が三世《さんぜ》永遠《えいえん》の勝利を築《きず》く

御文

所詮《しょせん》臨終只今にありと解《さと》りて信心を致《いた》して南無妙法蓮華経と唱《とな》うる人を「是人命終《ぜにんみょうじゅう》為《い》千仏授手《せんぶつじゅしゅ》・令不恐怖不堕悪趣《りょうふくふふだあくしゅ》」と説《と》かれて候《そうろう》、悦《よろこ》ばしい哉《かな》一仏《ぶつ》二仏に非《あら》ず百仏二百仏に非ず千仏まで来迎《らいごう》し手を取り給《たま》はん事《こと》・歓喜《かんき》の感涙《かんるい》押《お》さえ難《がた》し、法華《ほっけ》不信《ふしん》の者は「其人命終《ごにんみょうじゅう》入阿鼻《にゅうあび》獄《ごく》」と説かれたれば・定《さだ》めて獄卒《ごくそつ》迎《むか》えに来《きた》つて手をや取り候はんずらん浅猨《あさまし》浅猨、十王《じゅうおう》は裁断《さいだん》し倶生神《くしょうじん》は呵責《かしゃく》せんか。

今《いま》日蓮が弟子《でし》檀那《だんな》等・南無妙法蓮華経と唱《とな》えん程《ほど》の者は・千仏《せんぶつ》の手《みて》を授《さず》け給《たま》はん事《こと》・譬《たと》えば蓏《うり》夕顔《ゆうがお》の手を出《いだ》すが如《ごと》くと思《おぼ》し食《め》せ（全一三三七㌻・新一七七五㌻）

通解

所詮《しょせん》、〝臨終《りんじゅう》は只今《ただいま》にある〟と覚《さと》って信心に励《はげ》み、南無妙法蓮華経と唱える人のことを、普賢《ふげん》菩薩勧発品《ぼさつかんぼつぽん》第二十八には「この人は寿命《じゅみょう》が終《お》われば、千もの仏《ほとけ》が手を差《さ》し伸《の》べ、死後《しご》への恐怖《きょうふ》を起《お》こさせたり、悪道《あくどう》に堕《お》とさせたりするようなことはしない」と説《と》かれている。

喜《よろこ》ばしいことに、一仏や二仏ではなく、また百仏や二百仏でもなく、千仏までも迎《むか》えに訪《おとず》れ手を取ってくださるというのは、歓喜《かんき》の涙《なみだ》を押《おさ》えがたい。

これに対し法華経不信《ふしん》の者は、譬喩品《ひゆほん》第三に「その人は命《いのち》が終わって、阿鼻地獄《あびじごく》に入るであろう」と説かれているので、きっと獄卒《ごくそつ》が迎えにきて、その手を取ることであろう。大変に痛《いた》ましいことである。十王《じゅうおう》にその罪《つみ》を裁《さば》かれ、倶生神《くしょうじん》に責《せ》めたてられるにちがいない。

今、日蓮の弟子檀那ら、南無妙法蓮華経と唱える者に千仏が手を差し伸べて迎えてくださるさまは、例《たと》えば瓜《うり》や夕顔の蔓《つる》がいくつも伸びてくるかのようであると思われるがよい。

講義

本抄では、生死一大事《しょうじいちだいじ》の法である妙法蓮華経の受持《じゅじ》の極意《ごくい》として、「臨終只今《りんじゅうただいま》にあり」と究極《きゅうきょく》の信心の姿勢《しせい》が明《あ》かされています。

この「臨終只今」の信心で妙法蓮華経を受持するとき、本抄で「妙法蓮華経の生死」と明かされた生死の実相《じっそう》を、我《わ》が身《み》にありのままに現《あらわ》していける。それは、とりもなおさず「迷《まよ》いの生死」を「仏界《ぶっかい》の生死」へと転換《てんかん》することです。なぜならば、「臨終只今」とは、「仏界の生死」への深《ふか》い信解《しんげ》〈注1〉から生《しょう》ずる信心の姿勢だからです。

「仏界の生死」への信解

大聖人は、「所詮《しょせん》臨終只今にありと解《さと》りて信心を致《いた》して南無妙法蓮華経と唱《とな》うる人」は、千仏《せんぶつ》に守《まも》られる大安心《だいあんしん》の臨終を迎《むか》えることができる、と仰《おお》せです。千仏に守られる臨終とは「臨終正念《りんじゅうしょうねん》」のことに他《ほか》ならない。すなわち、「臨終只今《ただいま》」の信心の人こそが一生成仏《いっしょうじょうぶつ》の道を歩《あゆ》んでいけるのです。

「所詮《しょせん》」とあるのは、前段《ぜんだん》の御文《ごもん》に関係があります。すなわち、前段では、「久遠実成《くおんじつじょう》の釈尊《しゃくそん》」と「皆成仏道《かいじょうぶつどう》の法華経」と「我等衆生《われらしゅじょう》」との三つが全《まった》く差《さ》別《べつ》ないと信解《しんげ》するという、妙法蓮華経受持《じゅじ》の本質《ほんしつ》が説《と》かれました。この信解の姿勢《しせい》の肝要《かんよう》が「臨終只今」の信心であるがゆえに、「所詮」と言われているのです。

「三つ全く差別無《な》し」と信解するとは、自身の生命は妙法蓮華経の当体《とうたい》として仏《ほとけ》と不二《ふに》の生命であり、仏と同じ生死《しょうじ》すなわち「仏界《ぶっかい》の生死」に生きることができると信じることです。言《い》い換《か》えれば、一生成仏を人生の目的として志《こころざ》し、人生に根本的《こんぽんてき》な希《き》望《ぼう》を持つことです。その信心に生きる決意《けつい》をもった人は、必《かなら》ず、「臨終只今」の姿勢で生きるようになる、ということです。

臨終とは、「人生の総決算《そうけつさん》」の場です。この時、「どう生きてきたのか」が厳《きび》しく問われます。その時に、何の悔《く》いもなく、自身の人生を深《ふか》く肯定《こうてい》し、大満足《だいまんぞく》で臨終を迎《むか》えられるか。逆《ぎゃく》に、後悔《こうかい》と自《じ》責《せき》の念《ねん》で人生の終幕《しゅうまく》を迎えてしまうのか。

まさに、臨終《りんじゅう》の時にこそ、その人の生き方そのものが、何一つごまかしようがなく、この一瞬《いっしゅん》に凝縮《ぎょうしゅく》されます。したがって、臨終をたとえ今迎《むか》えたとしても、雲《くも》一つない澄《す》み切《き》った青空のごとく、何一つ悔《く》いや不満《ふまん》がない。そう断言《だんげん》できるように、どれだけ「今」を真剣《しんけん》に精一杯《せいいっぱい》生きているか、ということが最重要《さいじゅうよう》になります。

瞬間《しゅんかん》、瞬間、「今、臨終になっても悔いがない」と言い切れる覚悟《かくご》で、「現在」を真剣に生きる。それが「臨終只今《ただいま》にあり」という信心です。

次の生《せい》への輝《かがや》かしい出発

さらに、臨終は「人生の総決算《そうけつさん》」であると同時に、仏法の生死観《しょうじかん》から見れば、次の「生」への新《あら》たな出発となります。

私は、かつて「世界一美しい」と言われるマニラ湾《わん》の夕日《ゆうひ》を見たことがあります。水平《すいへい》線《せん》に沈《しず》む太陽が大空を赤く染《そ》め上《あ》げ、海《うみ》が黄金《おうごん》に輝いていた。一幅《いっぷく》の名画《めいが》のように荘厳《そうごん》な光景《こうけい》でした。素晴《すば》らしき夕焼《ゆうや》けは、翌朝《よくちょう》の輝かしき旭日《きょくじつ》を約束《やくそく》します。三世《さんぜ》の仏界《ぶっかい》の生死に生きる私たちにとって、臨終《りんじゅう》は、まさに次の生《せい》への輝《かがや》かしき出発である。

臨終は人生のすべてが凝縮《ぎょうしゅく》した「人生の山頂《さんちょう》」であり、「次の生」を決定《けってい》づける人生の最《もっと》も重要《じゅうよう》かつ厳粛《げんしゅく》な場となります。この臨終の時に、いかなる一念《いちねん》を持つか。悔いなき勝利の「生」は、安穏《あんのん》な「死《し》」を約束《やくそく》します。そして、大満足《だいまんぞく》の「死」が、次の「生」への晴《は》れやかな旅立《たびだ》ちを決定させます。臨終の時の今世《こんぜ》を総括《そうかつ》する一念が、どうであるか。その因《いん》が未来《みらい》の果報《かほう》をもたらす。ここに「臨終正念《しょうねん》」の意義《いぎ》があります。

「臨終正念」とは、死に臨《のぞ》んでも心を乱《みだ》さず、正《ただ》しい念慮《ねんりょ》（思い、考え）、すなわち妙法を信ずる信の一念を、揺《ゆ》るがずに貫《つらぬ》くことです。

臨終の時に、妙法を信受《しんじゅ》できた無上《むじょう》の喜《よろこ》びをもって我《わ》が人生に悔いがないと満足できる心こそ「臨終正念」の具体的《ぐたいてき》な姿《すがた》に他《ほか》なりません。

ここで、「臨終只今《ただいま》」と「臨終正念」の違《ちが》いを整理《せいり》しておけば、今世で生ある時に、臨終という人生の総決算《そうけつさん》の意味《いみ》を強く感じ、〝今、臨終を迎《むか》えても悔いがない〟との覚悟《かくご》で、現実の一日一日、一瞬《いっしゅん》一瞬に生命を燃焼《ねんしょう》させていくことが「臨終只今にあり」との信心です。その意味で、「臨終只今」の信心には、生命に対する「智慧《ちえ》」があり、智慧に基《もと》づく

「決断《けつだん》」があり、智慧《ちえ》と決断によって開《ひら》かれる晴《は》れやかな「希望《きぼう》と行動」があるといえる。

日々月々年々《ひびつきづきとしどし》に、この「臨終只今《りんじゅうただいま》」の信心を積《つ》み重《かさ》ねていくことで、生命を鍛《きた》え、磨《みが》き抜《ぬ》き、境涯《きょうがい》を高めていける。そして、今世《こんぜ》の生き方に確信《かくしん》と納得《なっとく》を持ち、臨終に際《さい》しても、悔《く》いなく、妙法を唱《とな》えきって、安詳《あんじょう》と霊山《りょうぜん》へ旅立《たびだ》っていける。この荘厳《そうごん》なる境地《きょうち》が「臨終正念《しょうねん》」です。簡潔《かんけつ》に言えば、「臨終只今」の信心の積み重ねが、人生の総決算《そうけっさん》として「臨終正念」を完成《かんせい》させていく。そして、「臨終正念」が次の「生《せい》」への豊《ゆた》かな旅立ちを可能《かのう》にするのです。

「臨終只今」に生ききった良き「生」が、「臨終正念」という良き「死《し》」を約束《やくそく》する。また、「臨終正念」という良き人生の総決算が、次の良き「生」への出発となるのです。

「臨終只今」の人は「生も歓喜《かんき》、死も歓喜」

さらに大聖人は、「臨終只今」の信心を貫《つらぬ》き通《とお》し「臨終正念」を決定《けつじょう》した人が、亡《な》くなった後、どうなるのかについて言及《げんきゅう》されています。

「『是人命終為千仏授手《ぜにんみょうじゅういせんぶつじゅしゅ》・令不恐怖不堕悪趣《りょうふくふふだあくしゅ》』と説《と》かれて候《そうろう》、悦《よろこ》ばしい哉《かな》一仏《ぶつ》二仏に非《あら》ず百仏二百仏に非ず千仏まで来迎《らいごう》し手を取り給《たま》はん事《こと》・歓喜《かんき》の感涙《かんるい》押《おさ》え難《がた》し」

妙法を信じ抜《ぬ》いて亡《な》くなった人は、千もの仏《ほとけ》が来迎し、手を授《さず》けて守《まも》ってくださると仰《おお》せです。当時は、弥陀《みだ》の名号《みょうごう》を称《とな》えれば、死《し》んだ時、西方極楽浄土《さいほうごくらくじょうど》から阿弥陀仏《あみだぶつ》と観音《かんのん》・勢至《せいし》の二菩薩《ぼさつ》が迎《むか》えに来るという念仏《ねんぶつ》の信仰《しんこう》が盛《さか》んでした。大聖人は、これに対して、一仏・二仏どころか、百仏・二百仏でもなく、千仏まで迎えに来ると仰せです。その千仏が手を差《さ》し延《の》べる様《さま》は、瓜《うり》や夕顔《ゆうがお》の蔓《つる》がいくつも伸《の》びている様を彷彿《ほうふつ》とさせると言われています。まさしく「歓喜の感涙押え難し」です。

「生《せい》も歓喜、死も歓喜」です。「生から死へ」「死から生へ」――いかなる時も、歓喜はとぎれることがない。

この仏界《ぶつかい》の歓喜と対極《たいきょく》にあるのが、謗法不信《ほうぼうふしん》の生命境涯《きょうがい》です。

「法華《ほっけ》不信の者は『其人命終入阿鼻《ごにんみょうじゅうにゅうあび》獄《ごく》』と説《と》かれたれば・定《さだ》めて獄卒《ごくそつ》迎えに来《きた》つて手をや取り候《そうら》はんずらん」

経文《きょうもん》には、不信謗法の者は阿鼻獄に入ると説《と》かれている。また、十王《じゅうおう》〈注2〉に裁断《さいだん》され、倶生神《くしょうじん》〈注3〉に呵責《かしゃく》されるとも大聖人は仰《おお》せである。当然、十王《じゅうおう》や倶生神とは、因《いん》果《が》の理《り》法《ほう》が厳然《げんぜん》と存在していることを表《あらわ》すものです。要《よう》するに、誰人《たれびと》も、善悪《ぜんあく》の峻別《しゅんべつ》を避《さ》けることはできない。それが人生の総決算《そうけつさん》であり、一生に築《きず》いた業《ごう》の果報《かほう》である。

「十界《じっかい》の生死《しょうじ》」で言えば、「仏界《ぶっかい》の生死」もあれば「地《じ》獄界《ごくかい》の生死」もある。もちろん、生命は十界互具《ごぐ》です。「生《せい》」の間には変革《へんかく》する可《か》能性《のうせい》を持っているが、最終的《さいしゅうてき》な総決算としての十界の境涯《きょうがい》は、そのまま次に連続《れんぞく》していかざるをえない。だからこそ、今世《こんぜ》での境涯革命《かくめい》が重要《じゅうよう》になるのです。まさに、生死観を深《ふか》めることは、人生を深めることに通《つう》じます。戸田先生は、よく「本当は、死《し》ぬときのために信心するのだ」と語《かた》っておられた。宗教の核心《かくしん》は生死観にあるのです。

「心の財《たから》」を築く重要性

さて、ここで、今までの内容《ないよう》から誤解《ごかい》を招《まね》かないように、補《ほ》足《そく》の意味《いみ》で確認《かくにん》しておきたいことがあります。

一つは、「臨終只今《りんじゅうただいま》」とは、当然のことですが、「死《し》」を賛美《さんび》しているのではない、ということです。むしろ「臨終只今」の真意《しんい》は、生きて、生きて、生き抜《いぬ》くべきことを教《おし》えられているのです。仏法には、命《いのち》を粗末《そまつ》にするような殉教主義《じゅんきょうしゅぎ》は断《だん》じてありません。まして、生死《しょうじ》が連続《れんぞく》しているからといって、安直《あんちょく》に「現実の苦闘《くとう》」を避《さ》けて、逃避《とうひ》から「死」を選《えら》んでは絶対《ぜったい》にいけない。今世《こんぜ》における宿命転換《しゅくめいてんかん》を軽視《けいし》することは、人間の可能性《かのうせい》に対する不信《ふしん》です。

二つ目は、「臨終正念《しょうねん》」についてです。例《たと》えば、事故《じこ》や病気《びょうき》などで亡《な》くなった場合、故《こ》人《じん》の成仏《じょうぶつ》に不安《ふあん》を感じる方もいるかもしれない。

しかし、「臨終正念」を決定《けってい》づけるのは、あくまでも「信心」です。最後まで信心を貫《つらぬ》き、悔《く》いなく戦《たたか》ってきた人は、「仏界《ぶっかい》の生死」の軌《き》道《どう》に必《かなら》ず入ります。さまざまな形《かたち》で死を迎《むか》えても、「臨終正念」は間違《まちが》いない。戦ってきた福徳《ふくとく》の力《ちから》で、生命においては大勝利の臨終となっていることは、御聖訓《ごせいくん》に照《て》らして絶対に間違いないのです。

涅槃経《ねはんぎょう》には「菩薩《ぼさつ》が恐《おそ》れなければならないのは、身《み》の破《は》壊《かい》でなく心の破壊である。心が破壊されれば三悪道《さんあくどう》に堕《だ》してしまうがゆえに、信心を破壊する悪知《あくち》識《しき》を恐れよ」（趣意）〈注

4〉とあります。

広宣流布《こうせんるふ》に戦《たたか》い、鍛《きた》え抜《ぬ》かれた生命が破壊《はかい》されることは断《だん》じてありません。「心の財《たから》」を築《きず》いてきた人は、生死不二《しょうじふに》の成仏《じょうぶつ》の生命がすでに培《つちか》われています。その人は、偉大《いだい》な使命《しめい》の戦いを貫《つらぬ》いた福徳《ふくとく》によって、生《せい》を飾《かざ》り死《し》を飾り、永遠《えいえん》に「仏界《ぶっかい》の生死」が連続《れんぞく》しゆく軌《き》道《どう》に入ることができる。

仏法の生死観は、誰《だれ》もが常楽我浄《じょうらくがじょう》〈注5〉に包《つつ》まれゆく希望《きぼう》の生死観であり、三世《さんぜ》永遠に前進・勝利していくための生死観であることを強く確信《かくしん》していただきたいのです。

「解《さと》りて」とは「生命奥底《おうてい》の自覚《じかく》」

さて、御文《ごもん》の冒頭《ぼうとう》に戻《もど》れば「臨終只今《りんじゅうただいま》にありと解りて」とあります。「解りて」とは「信解《しんげ》」であり、「決定《けつじょう》した信心」のことです。自分の生死は本来《ほんらい》「仏界の生死」であると生命の奥底で自覚することです。

創価の庭《にわ》で広宣流布のために戦い続ける人は、すでに生命次元《じげん》で、この自覚を持っているといえる。

「生命は永遠《えいえん》」だからこそ「今を真剣《しんけん》に戦《たたか》うしかない」と心から自覚《じかく》して行動していく――それが、「臨終只今《りんじゅうただいま》にありと解《さと》りて」の姿《すがた》です。

障魔《しょうま》を打《う》ち破《やぶ》る

さて、「臨終只今」「臨終正念《しょうねん》」を考える際《さい》に、一点、見落《みお》としてはならない重要《じゅうよう》な信心の姿勢《しせい》があります。

それは、「障魔と戦う」ことです。「臨終正念」は、「死魔《しま》」を乗《の》り越《こ》えることでもあるからです。

日頃《ひごろ》から、三障四魔《さんしょうしま》〈注6〉との対決《たいけつ》を避《さ》けている人は、死魔という越えがたい障魔に到底《とうてい》、打ち勝つことはできない。

「臨終只今」の信心の本質《ほんしつ》は、魔に蕩《とろ》かされたり、恐《おそ》れおののいたりしないことです。そのために信心を奮《ふる》い起《お》こし、智慧《ちえ》と勇気《ゆうき》と生命力を奮い起こして、魔と戦うことです。

魔性《ましょう》と戦《たたか》い、完全に勝利した人が「仏《ほとけ》」です。言《い》い換《か》えれば、仏とは、究極《きゅうきょく》の障魔《しょうま》である天子魔《てんしま》や死魔《しま》を乗《の》り越《こ》えた存在であり、不死《ふし》を得《え》た存在に他《ほか》なりません。

あの竜《たつ》の口《くち》の法難《ほうなん》で、四条金吾《しじょうきんご》は死を賭《と》して大聖人をお守《まも》りしました。しかし、最後の瞬間《しゅんかん》、「只今《ただいま》なり」と叫《さけ》んで泣《な》いてしまった。師《し》を思う心の故《ゆえ》であろうが、師を襲《おそ》う死魔、天子魔に、弟子《でし》の金吾のほうが恐《おそ》れおののいてしまったのかもしれない。

その時、大聖人が力強《ちからづよ》く師子吼《ししく》された。

「不《ふ》かくのとのばらかな・これほどの悦《よろこ》びをば・わらへかし」（全九一三ページ・新一二三一ページ）

迫《せま》る死に臨《のぞ》んで、仏の生死《しょうじ》の極致《きょくち》を一言に表《あらわ》した「臨終正念《りんじゅうしょうねん》」のお言葉です。大聖人は、権力《けんりょく》の魔性と戦われ、死魔に打ち勝たれ、天子魔に勝利されました。その戦う心に仏《ぶつ》界《かい》が確立《かくりつ》するのです。

大聖人は、大難《だいなん》の渦中《かちゅう》にいる門下《もんか》に対して、「月月《つきづき》・日日《ひび》につより《強》給《たま》へ・すこしもたゆ《撓》む心あらば魔たよりをうべし」（全一一九〇ページ・新一六二〇ページ）と仰《おお》せです。

この「月月・日日につよる《強》信心」は「臨終只今の信心」に通《つう》じる。すなわち、「臨終只今」の信心こそが、魔を寄《よ》せ付《つ》けず、打《う》ち破《やぶ》っていく信心なのです。この「臨終只今」の対極《たいきょく》にあるのが「たゆ《撓》む心」「魔《ま》を恐《おそ》れる臆病《おくびょう》」です。「千仏授手《せんぶつじゅしゅ》」とあるように、臨終《りんじゅう》の時に正念《しょうねん》を貫《つらぬ》く人には、あらゆる仏《ぶつ》・菩《ぼ》薩《さつ》、諸天善《しょてんぜん》神《じん》が瞬時《しゅんじ》に駆《か》け付《つ》けます。しかし、その根本《こんぽん》は、自身の信心によって悪《あく》と戦《たたか》い、善《ぜん》を開《ひら》く戦いであることを忘《わす》れてはならない。その戦う心にこそ、仏界《ぶっかい》の生命力が涌《ゆ》現《げん》していくのです。

私も「臨終只今《ただいま》」の決意《けつい》で、六十年間戦い続けてきました。とくに若い時は体《からだ》が弱《よわ》かった。いつ死《し》んでもおかしくない体でした。だからこそ、「臨終只今」の決意で戸田先生をお守《まも》りした。師《し》を襲《おそ》う障魔《しょうま》とも一人《ひとり》立って戦った。

そしてまた、世界平和を確立《かくりつ》するためには仏法の永遠《えいえん》の生命観を弘《ひろ》める以外にないと確《かく》信《しん》して、智力《ちりょく》と勇気《ゆうき》を振《ふ》り絞《しぼ》って平和行動に打って出ました。

まさに「臨終只今」の信心を貫いてきたからこそ、元初《がんじょ》の生命力が涌現した。そして、共々《ともども》に異《い》体同心《たいどうしん》の前進をしたからこそ、今日《こんにち》の全世界に広がった創価学会・ＳＧＩ（創価学会インタナショナル）を築《きず》き上《あ》げることができたと思っています。

創価の庭《にわ》には、「臨終只今」の信心を貫き、力強《ちからづよ》く人生を登攀《とうはん》し、輝《かがや》かしき「臨終正念」

の山頂《さんちょう》を極《きわ》めた方々《かたがた》が数限《かずかぎ》りなくおられる。その偉大《いだい》なる人間革命《かくめい》の無数《むすう》の勝利の姿《すがた》こそ、全学会に生死一大事《しょうじいちだいじ》の血脈《けつみゃく》が流《なが》れ通《かよ》っている実証《じっしょう》なのです。

注

〈注1〉【信解《しんげ》】信じ解《かい》すること。仏《ほとけ》の説《と》く真実《しんじつ》をその通りであると信受《しんじゅ》し、その教《おし》えのままにひたむきに実践《じっせん》に励《はげ》むこと。

〈注2〉【十王《じゅうおう》】十王経《きょう》に説《と》かれる冥土《めいど》の十人の王。冥土で死者《ししゃ》の生前《せいぜん》におかした罪業《ざいごう》を順次《じゅんじ》に裁定《さいてい》していくという。

〈注3〉【倶生神《くしょうじん》】人が生まれたときに倶《とも》に生まれ常に倶にいる神で、その人の善悪《ぜんあく》の行為《こうい》を閻魔王《えんまおう》に報告《ほうこく》するとされる。

〈注4〉涅槃経《ねはんぎょう》には「菩薩摩訶薩《ぼさつまかさつ》、悪象《あくぞう》等において心に怖畏《ふい》すること無《な》く、悪知識《あくちしき》においては怖畏の心を生《しょう》ぜよ。何を以《もっ》ての故《ゆえ》に。この悪象等はただ能《よ》く身《み》を壊《やぶ》りて心を壊る能《あた》わず、悪知識は二つ倶《とも》に壊る故に（中略）悪象に殺《ころ》されては三趣《さんしゅ》に至《いた》らず、悪友《あくゆう》に殺されては必《かなら》ず三趣に至る」とある。

〈注5〉**【常楽我浄《じょうらくがじょう》】**仏《ほとけ》の生命に具《そな》わる四徳波羅蜜《しとくはらみつ》のこと。①常とは、仏性《ぶっしょう》が不変不改《ふへんふかい》、恒常《こうじょう》であること②楽とは、苦《く》を超越《ちょうえつ》した安楽《あんらく》の境地《きょうち》であること③我とは、仏性が自身の根源《こんげん》・真実《しんじつ》であること④浄とは、迷《まよ》いや誤《あやま》った行《おこな》いを離《はな》れて清浄《しょうじょう》であること。

〈注6〉**【三障四魔《さんしょうしま》】**仏道《ぶつどう》を妨《さまた》げようとする七つの障害《しょうがい》。煩悩障《ぼんのうしょう》・業障《ごうしょう》・報障《ほうしょう》の三障と陰魔《おんま》・煩悩魔・死魔《しま》・天子魔《てんしま》の四魔。死魔とは、自身の死あるいは仏道実践者《じっせんしゃ》の死によって疑問《ぎもん》を生《しょう》じさせ仏道から離《はな》れさせようとする働《はたら》き。天子魔とは、他化自在天《たけじざいてん》とも呼《よ》ばれる第六天《だいろくてん》の魔王《まおう》による仏道実践を妨害《ぼうがい》する働きをいう。法華経に反発《はんぱつ》する権威《けんい》・権力《けんりょく》による迫害《はくがい》などとして現《あらわ》れる。

第7回　生涯《しょうがい》不《ふ》退《たい》の信心

——今世《こんぜ》の信心の確立《かくりつ》で三世《さんぜ》永遠《えいえん》の幸福の血脈《けつみゃく》を

御文

過去《かこ》に法華経の結縁強盛《けちえんごうじょう》なる故《ゆえ》に現在に此《こ》の経《きょう》を受持《じゅじ》す、未来《みらい》に仏果《ぶっか》を成就《じょうじゅ》せん事《こと》疑有《うたがいあ》るべからず、過去の生死《しょうじ》・現在の生死・未来の生死・三世の生死に法華経を離《はな》れ切《き》れざるを法華《ほっけ》の血脈相承《そうじょう》とは云《い》うなり、謗法不《ほうぼうふ》信《しん》の者は「即断一切世間仏種《そくだんいっさいせけんぶっしゅ》」とて仏《ほとけ》に成《な》るべき種子《しゅし》を断絶《だんぜつ》するが故に生死一大事《いちだいじ》の血脈之無《これな》きなり（全一三三七㌻・新一七七五㌻）

通解

過去世《かこせ》において、法華経との結縁《けちえん》が強盛《ごうじょう》であったので、現在世《げんざいせ》においてこの経《きょう》を受持《じゅじ》することができたのである。未来世《みらいせ》において仏果《ぶっか》を成就《じょうじゅ》することは疑《うたが》いない。

過去の生死《しょうじ》、現在の生死、未来の生死と、三世《さんぜ》にわたる生死の繰《く》り返《かえ》しにおいて法華経から離《はな》れないことを法華《ほっけ》の血脈相承《けつみゃくそうじょう》というのである。

謗法不信《ほうぼうふしん》の者は、「すなわち世間《せけん》の仏種《ぶっしゅ》をすべて断《だん》じてしまうであろう」（法華経譬喩品《ひゆほん》第三）と説《と》かれて、成仏《じょうぶつ》するための種子《しゅし》を断絶《だんぜつ》するがために、生死一大事《いちだいじ》の血脈はないのである。

講義

人身《じんしん》は受けがたく、しかも保《たも》ちがたい。永遠《えいえん》から見れば、私たちの今世《こんぜ》の一生は、一炊《いっすい》の夢《ゆめ》〈注1〉のようなものです。よく戸田先生は「ここにいる人は、百年たったら誰《だれ》もいなくなるんだよ」と語《かた》られていた。

限《かぎ》られた一生だからこそ、この一生をどう生きっていくかが大事になる。仏法は、この「一生」で永遠《えいえん》の勝利を築《きず》くことができると教《おし》えています。そのための信仰《しんこう》です。勝利を決《けつ》する要諦《ようてい》は「生涯不退転《しょうがいふたいてん》の信心」であり、「持続《じぞく》の信心」にほかなりません。

これまで、本抄を拝《はい》して、生死一大事《しょうじいちだいじ》の大法《だいほう》である妙法蓮華経を受持《じゅじ》する要件《ようけん》を学《まな》んできました。

その一つは、久遠実成《くおんじつじょう》の釈尊《しゃくそん》が身《み》をもって示《しめ》し、皆成仏道《かいじょうぶつどう》の法華経の真髄《しんずい》として説《と》かれた「妙法蓮華経の生死」「仏界《ぶっかい》の生死」と、すべての衆生《しゅじょう》の生死とが、本来《ほんらい》、全《まった》く差別《さべつ》がないと信じて、題目《だいもく》を唱《とな》えるべきであるということです。

二つ目は、「臨終只今《りんじゅうただいま》」と覚《さと》る決定《けつじょう》した信心が大切であり、生涯、「臨終只今」の信心を貫《つらぬ》き、その総決算《そうけっさん》として「臨終正念《しょうねん》」を成就《じょうじゅ》すべきことを学びました。

この二つから当然、「生涯不退転の信心」が不可欠《ふかけつ》であることになります。臨終正念を遂《と》げるためには、最後まで臨終只今の信心を持続していくべきだからです。

ただ、本抄においては、今世《こんぜ》だけでなく「三世《さんぜ》の生死」という、より広き生命観から、

「不退転《ふたいてん》の信心」の大切さを示《しめ》されていることを銘記《めいき》しなければなりません。

すなわち、今世《こんぜ》において、生涯《しょうがい》、正《ただ》しい妙法受持《じゅじ》を貫《つらぬ》いて臨終正念《りんじゅうしょうねん》を遂《と》げれば、今世の生死《しょうじ》だけでなく、「過去《かこ》の生死」「現在の生死」「未来《みらい》の生死」という「三世《さんぜ》の生死」の総《そう》体《たい》が「法華《ほっけ》の血脈相承《けつみゃくそうじょう》」として結《むす》びついて一体《いったい》となる。すなわち、全体が「妙法蓮華経の生死」として一貫《いっかん》し、「仏界《ぶっかい》の生死」として躍動《やくどう》してくるのです。

三世の生死

大聖人は次のように仰《おお》せです。

「過去に法華経の結縁強盛《けちえんごうじょう》なる故《ゆえ》に現在に此《こ》の経《きょう》を受持す、未来に仏果《ぶっか》を成就《じょうじゅ》せん事疑《ことうたがい》有《あ》るべからず」

過去世《かこせ》において法華経との結縁が強盛であった。その「因《いん》」によって、現在の法華経受持という「果」がある。また、現在の法華経受持の「因」によって、未来の成仏《じょうぶつ》という「果」は疑《うたが》いがない、といわれるのです。

この御指南《ごしなん》には、大難《だいなん》の中で法華経を受持《じゅじ》した最蓮房《さいれんぼう》を励《はげ》ます意味《いみ》があります。しかし、それだけではなく、法華経受持によって、今世《こんぜ》の生死《しょうじ》が変革《へんかく》されると、三世《さんぜ》永遠《えいえん》の生死流転《るてん》の総体《そうたい》が変革されることを示《しめ》されていると拝《はい》することができます。

今世が変われば未来世《みらいせ》が変わっていくことは、時間の順序《じゅんじょ》として理解《りかい》できます。しかし、過去世《かこせ》における生死流転の意味までも変わってくるとは、少し分かりにくいかもしれません。

生死流転の変革といっても、生死の繰《く》り返《かえ》し自体《じたい》がなくなるわけではありません。しかし、今世で法華経を受持すると、これまでの迷《まよ》いの生死、苦《くる》しみの生死は、実《じつ》は夢《ゆめ》のようなものであり、仏《ほとけ》が如実知見《にょじつちけん》したありのままの「妙法蓮華経の生死」すなわち「仏界《ぶっかい》の生死」こそが、夢から覚《さ》めた現実の生死であることが深《ふか》く納得《なっとく》できるのです。

私たちは通常《つうじょう》、苦しみの世界を現実世界と思っている。しかし、本来《ほんらい》の生死のあり方から言うと、現実と思っている苦しみの世界のほうが夢のようなものなのです。

「総勘文抄《そうかんもんしょう》」では、九界《きゅうかい》の生死が夢であり、常住《じょうじゅう》の仏界が目覚《めざ》めた現実であると言われている。

「九界《きゅうかい》の生死《しょうじ》の夢《ゆめ》見る我《わ》が心も仏界常住《ぶつかいじょうじゅう》の寤《うつつ》の心も異《こと》ならず九界生死の夢見る所が仏界常住の寤の所にて変《かわ》らず心法《しんぽう》も替《かわ》らず在所《ざいしょ》も差《たが》わざれども夢は皆虚事《みなこじ》なり寤は皆実事《じつじ》なり」（全五六五ジ・新七一六ジ）〈注2〉

このような意味《いみ》で、今世《こんぜ》における妙法受持《じゅじ》によって真実《しんじつ》に目覚《めざ》めた境涯《きょうがい》から過去《かこ》の生死流転《るてん》を捉《とら》えなおすと、法華経の結縁《けちえん》が強盛《ごうじょう》であったと見ることができるのです。法華経の結縁とは、全《すべ》ての人が成仏《じょうぶつ》できると説《と》く教《おし》えを聞くことによって仏性《ぶっしょう》が触発《しょくはつ》されることです。

ただし、この結縁には、その教えを信ずる順縁《じゅんえん》と、その教えに反発《はんぱつ》する逆縁《ぎゃくえん》の二つがあります。結縁強盛といっても、順縁とは限《かぎ》らないのです。しかし、信じても反発しても、仏性は触発されているのです。

過去世《かこせ》の生死流転の中における法華経結縁によって今世の法華経受持があり、今世の法華経受持を生涯貫《しょうがいつらぬ》くことによって臨終正念《りんじゅうしょうねん》を遂《と》げ、未来世《みらいせ》には仏果《ぶっか》を成《じょう》ずるのです。

未来世の仏果とは、すでに考察《こうさつ》したように、別世《べっせ》界《かい》の浄土《じょうど》に安住《あんじゅう》することでもなければ、超越的《ちょうえつてき》な仏《ほとけ》の姿《すがた》をとることでもありません。どこまでも生《せい》と死《し》の流転の中にありつつも、大宇宙《だいうちゅう》の慈悲《じひ》の行業《ぎょうごう》を我《わ》が身《み》に感じながら、現実世界で苦《くる》しむ人を救《すく》うために戦《たたか》い続ける仏《ほとけ》の姿《すがた》をとることです。

それゆえに、過去世《かこせ》も、現在世《げんざいせ》も、そして未来世《みらいせ》も、生死《しょうじ》の姿をとるのであり、これを「三世《さんぜ》の生死」と言われているのです。

仏法の三世の因果《いんが》は「現在」が中心

さて、ここで、仏法の「三世の因果」について付言《ふげん》しておきたい。

大聖人の三世の因果の捉《とら》え方《かた》で重要《じゅうよう》な点は、どこまでも「現在」に焦点《しょうてん》が当《あ》てられていることにあると言えます。

大聖人は、「開目抄《かいもくしょう》」で、「三世の因果」を説《と》く心地観経《しんじかんぎょう》の一節《いっせつ》を引かれています。

「心地観経に曰《いわ》く『過去の因を知らんと欲《ほっ》せば其《そ》の現在の果《か》を見よ未来の果を知らんと欲せば其の現在の因を見よ』等云云」（全二三一ジペー・新一一二ジペー）

若き日に、この一節を初めて拝《はい》したときに、私は深《ふか》い感動《かんどう》を覚《おぼ》えざるをえなかった。この三世《さんぜ》の因果《いんが》において、どこまでも大事なのは「現在」であり、その自分の信心であると知ったからです。経文自体《きょうもんじたい》の表現といい、また「開目抄《かいもくしょう》」で引用《いんよう》されている文脈《ぶんみゃく》といい、仏法の因果論の要諦《ようてい》は「今の自分の変革《へんかく》」にあることを明確《めいかく》に示《しめ》している。

「開目抄」で大聖人が、この経文を引かれて語《かた》られていることは、過去《かこ》については「宿《しゅく》命転換《めいてんかん》」への大確信《だいかくしん》であり、未来《みらい》については「後生《ごしょう》の大楽《だいらく》」は間違《まちが》いないとの深《ふか》い希望《きぼう》です〈注3〉。

過去の悲哀《ひあい》を転換し、未来の尽《つ》きることのない希望へと進んでいく。そういう「現在の確固《かっこ》たる自分」を確立《かくりつ》できるのが、この仏法なのです。

どんなに困難《こんなん》な現実があろうとも、未来は変革可能《かのう》であると捉《とら》え、根本《こんぽん》の楽観主義《らっかんしゅぎ》に立脚《りっきゃく》して、「今」を真剣《しんけん》に戦《たたか》うのが、日蓮大聖人の仏法の本義《ほんぎ》なのです。

ともあれ、今世《こんぜ》の信心によって、三世永遠《えいえん》の流転《るてん》の方向が定《さだ》まる。幸福と慈悲《じひ》の流転となるか、それとも悲哀と悪《あく》の流転となるかが決まる。

信心とは、無限《むげん》の希望です。未来永遠に幸福になる因を、「今世」で、そして、「今この瞬間《しゅんかん》」で築《きず》くことが必《かなら》ずできる。凡夫《ぼんぷ》には不可思議《ふかしぎ》ですが、厳然《げんぜん》とその功力《くりき》があるからこそ、「妙《みよう》」なる「法」なのです。

「不《ふ》退転《たいてん》の信心」が三世《さんぜ》を決める

信心の要諦《ようてい》の一つは「不退転」です。

大聖人は、「新池御書《にいけごしよ》」で、最後まで信心を貫《つらぬ》くことの大切さを強調《きようちよう》されています。

「始《はじめ》より終《おわ》りまで弥《いよいよ》信心をいたすべし・さなくして後悔《こうかい》やあらんずらん、譬《たと》えば鎌倉《かまくら》より京《きよう》へは十二日の道なり、それを十一日余《あま》り歩《あゆみ》をはこび《運》て今一日に成《な》りて歩をさしをきては何として都《みやこ》の月をば詠《なが》め候《そうろう》べき」（全一四四〇㌻・新二〇六三㌻）

有名《ゆうめい》な御文《ごもん》です。せっかく信心をしたのに、人生の最終章《さいしゆうしよう》で歩《あゆ》みを止《と》めてしまっては、今世《こんぜ》を総仕上《そうしあ》げすることはできません。大聖人は仏道修行《ぶつどうしゆぎよう》の灯《ひ》は消《き》えやすいがゆえに、いよいよ信心を貫《つらぬ》いていきなさいと仰《おお》せです。

なぜ灯が消えやすいのか。名聞名利《みようもんみようり》や三障四魔《さんしようしま》によって、自身の心が破《やぶ》れてしまうからです。「月月《つきづき》・日日《ひび》につより《強》給《たま》へ・すこしもたゆむ《撓》心あらば魔たよりをうべし」（全一一九〇ジペー・新一六二〇ジペー）です。たゆむ心があると、無明《むみょう》が発動《はつどう》してしまうからです。

したがって「不退転《ふたいてん》の信心」とは、「戦《たたか》い続ける心」の中にしかありません。

大聖人御自身《ごじしん》が、常に「不退転」を自ら誓《みずかちか》っておられます。

立宗宣言《りっしゅうせんげん》の直前《ちょくぜん》には、「今度・強盛《ごうじょう》の菩提心《ぼだいしん》〈注４〉を・をこして退転せじと願《がん》しぬ」（全二〇〇ジペー・新七〇ジペー）と決意《けつい》をされました。

また、佐渡《さど》にあっても、「我《われ》日本の柱《はしら》とならむ我日本の眼目《がんもく》とならむ我日本の大船《たいせん》とならむ等とちかいし願《ねがい》やぶるべからず」（全二三二ジペー・新一一四ジペー）と、御自身の誓願《せいがん》を断《だん》じて破《やぶ》るまいと覚悟《かくご》されている。

不退転の信心がいかに大切かを、御本仏《ごほんぶつ》が自ら示《しめ》し切《き》っておられるのです。

日々、信心と祈《いの》りの深化《しんか》を

この「生涯《しょうがい》不退転」の観点《かんてん》から、わが学会員の信仰《しんこう》の勝利の人生を確認《かくにん》しておきたい。

大聖人の生死論《しょうじろん》、仏法の生命観から言えば、今世《こんぜ》の人生の頂点《ちょうてん》は「臨終《りんじゅう》」にあることは明《あき》らかです。臨終《りんじゅう》は人生の最終章《さいしゅうしょう》であるとともに、次の生《せい》への出発だからです。

日蓮大聖人は「何よりもまず、臨終のことを学《まな》ぶべきである」〈注5〉と明快《めいかい》に仰《おお》せであります。戸田先生も「信心の目的は臨終のためにある」と、よく言われた。

したがって、大前提《だいぜんてい》として、「持続《じぞく》」「不退《ふたい》」の信心とは、人生の最終章に向かって、「月《つき》月《づき》・日日《ひび》に」深《ふか》まっていくものである。いな、深めていくものだという点を、強く銘記《めいき》することが大切です。

草や木も、当然、一刻《いっこく》一刻、確実《かくじつ》に変化しています。何気《なにげ》なく見ているのでは、花が咲《さ》いたなどの目立《めだ》った変化しか気づかないかもしれない。しかし、「詩人《しじん》の目」「観察者《かんさつしゃ》の目」であれば、日々の細《こま》やかな変化をも、くっきり見てとることができるでしょう。

私たちの信仰《しんこう》も、日々の勤行《ごんぎょう》、日々の学会活動の繰《く》り返《かえ》しの中にあって、一日一日、着《ちゃく》実《じつ》に、厳然《げんぜん》と深まっていくものでありたい。大聖人の仰せ通りに現実に広宣流布《こうせんるふ》を進めている学会の中で行学《ぎょうがく》に励《はげ》んでいくことは、まさに一生成仏《いっしょうじょうぶつ》に向かって、信心をたゆみなく、しかも確実《かくじつ》に深めていく力用《りきゆう》があるのです。

「あい《藍》は葉のとき《時》よりも・なをそむ《染》れば・いよいよあを《青》し、法華経はあいのごとし修行《しゅぎょう》のふかきは・いよいよあをきがごとし」（全一五〇五ジペー・新一八三四ジペー）との仰《おお》せのとおりです。毎日毎日の実践《じっせん》で、私たちの生命は、いよいよ妙法蓮華経に染《そ》めあがっていくのです。具体的《ぐたいてき》には「信仰《しんこう》」の深化《しんか》とは、「祈《いの》り」の深化です。祈りは、その人の境涯《きょうがい》の表《あらわ》れです。祈りの内容《ないよう》や祈る一念《いちねん》が深《ふか》まっていってこそ、「持続《じぞく》」「不退転《ふたいてん》」の信心なのです。

信仰者のライフスタイル

信仰とは、生涯《しょうがい》かけて深めていくものです。この信仰と人生の深まりという観点《かんてん》から、一つの参考《さんこう》として、人生を四つの段階《だんかい》（四住期《しじゅうき》）に分ける古代《こだい》インドの考え方を挙《あ》げておきます。


その第一期は、学生期《がくしょうき》。一人前《いちにんまえ》になるために、師《し》につきながら学《まな》んでいく時代。

第二期は、家長期《かちょうき》。家の主人《しゅじん》として、社会的義務《ぎむ》を果《は》たし、子孫《しそん》を育《そだ》てる時代。

第三期は、林住期《りんじゅうき》。富《とみ》や地位《ちい》を捨《す》てて隠居《いんきょ》し、林に入って修行《しゅぎょう》する時代。

第四期は、遊行期《ゆぎょうき》。解脱《げだつ》に向け、執着《しゅうちゃく》を捨てて遍歴《へんれき》し、永遠《えいえん》の生命を得《え》ようとする時代。

自身を鍛《きた》え、社会的責任《せきにん》・家庭的責任《かていてき》を果《は》たした上で、宗教的な修行《しゅぎょう》を経《へ》て、最終的《さいしゅうてき》な人生の目的そのものを成就《じょうじゅ》していこうという、ライフスタイルであるといえます。

私たち創価の同志《どうし》もまた、自己実現《じこじつげん》と社会貢献《こうけん》と人生勝利というテーマを掲《かか》げて前進しています。

十代から青年期にかけての信仰《しんこう》は、自身の使命《しめい》に目覚《めざ》め、自身を鍛《きた》えていくことが中心となる。いわば「自覚《じかく》と鍛錬《たんれん》」の時代であるといえます。

この時期は、自身の「使命」を自覚することによって、才能《さいのう》の芽《め》が急速《きゅうそく》に伸《の》びる。「決意《けつい》」を新《あら》たにした青年の成長は、まことに目覚ましい。

私も十九歳の時に戸田先生に出会《であ》い、約十年間にわたって師《し》の薫陶《くんとう》を受けきった。私の人生の一切《いっさい》の骨格《こっかく》は、すべて戸田先生と不二《ふに》で歩《あゆ》んだ青年期に築《きず》きあげたものです。

次は、壮年部・婦人部の世代《せだい》です。社会的に言えば、いわゆる定年《ていねん》前後までの年代《ねんだい》となります。

未来部《みらいぶ》・青年部が「自覚と鍛錬」の世代であるとすれば、この年代は、「実行《じっこう》と実証《じっしょう》」の時代といえます。社会や家庭・地域《ちいき》で、自身の信仰の実証を示《しめ》していく年代です。自身の使命《しめい》や社会的責任《せきにん》を果《は》たし抜《ぬ》いて、社会や地域《ちいき》に思《おも》う存分《ぞんぶん》、信仰の底力《そこぢから》を発揮《はっき》しゆく時であります。

そして、次の世代《せだい》、すなわち「多宝会《たほうかい》」「宝寿会《ほうじゅかい》」「錦宝会《きんぽうかい》」（高齢者《こうれいしゃ》の集《つど》い）の世代です。いよいよ、一生成仏《いっしょうじょうぶつ》という人生の真《しん》の目的に向かって、信仰の輝《かがや》きが内面《ないめん》から煌《きら》めいていく年代《ねんだい》であるといえます。いわば「成熟《せいじゅく》と歓喜《かんき》」の世代であると言えるでしょう。

信心には〝定年《ていねん》〟はありません。むしろ、この世代こそが本番《ほんばん》であり、いよいよ信心を深化《しんか》させ、輝きを増《ま》していくべき時です。

老苦《ろうく》・病苦《びょうく》・死苦《しく》をどう受け止めていくか、また、どう乗《の》り越《こ》えていくか。ここに仏法の本来《ほんらい》の課題《かだい》があり、根本《こんぽん》の目的があります。この、生死一大事《しょうじいちだいじ》の課題を身《み》をもって勝ち越え、その根本目的を成就《じょうじゅ》していくのが、人生の総仕上《そうしあ》げです。

戸田先生は言われました。

「人生は最後が大事だ。最後の数年間が幸福であれば、人生は勝利である」と。

「御義口伝《おんぎくでん》」に「四面《しめん》とは生老病死《しょうろうびょうし》なり四相《しそう》を以《もつ》て我等《われら》が一身《いっしん》の塔《とう》を荘厳《しょうごん》するなり」（全七四〇ジペー・新一〇三一ジペー）と仰《おお》せです。

法華経の宝塔《ほうとう》の四面《しめん》から溢《あふ》れ出《で》る馥郁《ふくいく》たる香《かお》りは、生老病死《しょうろうびょうし》が個々人《ここじん》の生命を荘厳《そうごん》していることを意味《いみ》しているとの仰《おお》せです。生老病死は生命を飾《かざ》る香りであるとの、実《じつ》に深《ふか》い捉《とら》え方《かた》が示《しめ》されています。

それは、「妙法蓮華経の生死《しょうじ》」という本来《ほんらい》ありのままの生死に立《た》ち還《かえ》り、宇宙本源《うちゅうほんげん》の生命力を我《わ》が身《み》に漲《みなぎ》らせて、「仏界《ぶっかい》の生死」の大歓喜《だいかんき》に生きる人生です。ここにこそ、生老病死をも自身の宝塔を荘厳する香りとしながら、永遠《えいえん》に常楽我浄《じょうらくがじょう》の大生命力と大福徳《だいふくとく》を得《え》ていく道が開《ひら》かれるのです。

注

〈注1〉**【一炊《いっすい》の夢《ゆめ》】**栄枯《えいこ》盛衰《せいすい》を味《あじ》わう一生は夢のようにはかないものであること。盧生《ろせい》という若者《わかもの》が邯鄲《かんたん》に旅《たび》していた折、黄粱《こうりょう》が炊《た》き上《あ》がらない短《みじか》い間に一生を送る夢を見たという中国の故事《こじ》に基《もと》づく語。

〈注2〉「生命の真実《しんじつ》のすがたに目覚《めざ》めず、夢《ゆめ》の中にいるように、迷《まよ》いの九界《きゅうかい》を流転《るてん》して生きている凡夫《ぼんぷ》の私たちの生命も、真実を悟《さと》り常住不滅《じょうじゅうふめつ》の仏界《ぶっかい》を開《ひら》き顕《あらわ》し、夢から覚《さ》めたような仏《ほとけ》の生命も、本来的《ほんらいてき》にまったく異《こと》ならない。九界の迷いの生死《しょうじ》を夢のように味《あじ》わっている、まさにそこそが、仏界が常住する所である。生命そのものも替《か》わらず、その存在する所も違《ちが》わないけれども、夢のように迷っている時は虚事《そらごと》であり、目覚めて悟っている時は、皆《みな》、実事《じつじ》である」

〈注3〉「開目抄《かいもくしょう》」では、心地観経《しんじかんぎょう》の文《もん》を引いて、今世《こんぜ》で難《なん》に遭《あ》っているのは妙法を護持《ごじ》した功徳《くどく》によって過去《かこ》の謗法《ほうぼう》の罪《つみ》を軽《かる》く受けて消《け》し去《さ》り成仏《じょうぶつ》するためであることを示《しめ》され、「日蓮が流罪《るざい》は今生《こんじょう》の小苦《しょうく》なれば・なげかしからず、後生《ごしょう》には大楽《だいらく》を・うくべければ大《おおい》に悦《よろこ》ばし」（全二三七ページ・新一二一ページ）と結論《けつろん》されている。

〈注4〉【菩提心《ぼだいしん》】仏《ほとけ》の最高の覚《さと》り（菩提）を得《え》ようと求《もと》め、仏道修行《ぶつどうしゅぎょう》を貫《つらぬ》くことを誓《ちか》う心。

〈注5〉「先臨終《まずりんじゅう》の事《こと》を習《なろ》うて後《のち》に他事《たじ》を習うべし」（「妙法尼御前御《みょうほうあまごぜんご》返事《へんじ》」、全一四〇四ページ・新二一〇一ページ）

第8回 異体同心《いたいどうしん》

——広布《こうふ》大願《だいがん》の絆《きずな》で結《むす》ばれた和《わ》合僧《ごうそう》に真《しん》の血脈《けつみゃく》が通《かよ》う

御文

総《そう》じて日蓮が弟子《でし》檀那《だんな》等・自他《じた》彼此《ひし》の心なく水魚《すいぎょ》の思《おもい》を成《な》して異体同心にして南無妙法蓮華経と唱《とな》え奉《たてまつ》る処《ところ》を生死一大事《しょうじいちだいじ》の血脈とは云《い》うなり、然《しか》も今《いま》日蓮が弘通《ぐつう》する処の所詮是《しょせんこれ》なり、若《も》し然らば広宣流布《こうせんるふ》の大願も叶《かな》うべき者か、剰《あまつさ》え日蓮が弟子の中に異体異心《いしん》の者之有《これあ》れば例《れい》せば城者《じょうしゃ》として城《しろ》を破《やぶ》るが如《ごと》し（全一三三七ジペー・新一七七五ジペー）

通解

総《そう》じて日蓮の弟子《でし》檀那《だんな》らが、自分と他人、彼《かれ》と此《これ》という分《わ》け隔《へだ》ての心をもたず、水と魚《うお》のように親密《しんみつ》な思いを抱《いだ》き、異体同心《いたいどうしん》で南無妙法蓮華経と唱《とな》えたてまつるところを生死一大事《しょうじいちだいじ》の血脈《けつみゃく》というのである。しかも今、日蓮が弘通《ぐつう》する所詮《しょせん》はこれである。もし、この通りになるならば、広宣流布《こうせんるふ》の大願《だいがん》も成就《じょうじゅ》するであろう。

これに反《はん》して、日蓮の弟子の中に異体異心《いしん》の者があれば、それは例《たと》えば、城《しろ》の中にいる者が内部から城を破《やぶ》るようなものである。

講義

本抄では、これまで、一人《ひとり》一人において生死一大事血脈が通《かよ》う信心の在《あ》り方《かた》を明《あ》かされてきました。それを要約《ようやく》すると、①一生成仏《いっしょうじょうぶつ》を確信《かくしん》する信心②臨終只今《りんじゅうただいま》にありとの覚悟《かくご》

③生涯持続《しょうがいじぞく》の信心、の三つです。この確固《かつこ》たる信心に「成仏《じょうぶつ》の血脈《けつみゃく》」が流《なが》れるのです。

しかるに、この信心を弘《ひろ》めて「万人《ばんにん》の成仏」と「世界の平和」を実現していくことが広宣流布《こうせんるふ》の戦《たたか》いです。その広宣流布を推進《すいしん》するために「師弟《してい》」と「和合僧《わごうそう》」が最重要《さいじゅうよう》の意義《いぎ》を持つのです。

本抄後半の主題《しゅだい》は「和合僧」と「師弟」

広宣流布に戦う「師弟の実践《じっせん》」がなければ、「生死一大事《しょうじいちだいじ》の血脈」は正《ただ》しく流れ通《かよ》いません。そして、その師弟の精神《せいしん》が脈打《みゃくう》つ確固たる「異体同心《いたいどうしん》の和合僧」がなければ、仏《ほとけ》と魔《ま》との戦いである「末法《まっぽう》の広宣流布」に勝《か》ち抜《ぬ》くことはできません。

大聖人は本抄で、「総《そう》じて日蓮が弟子檀那《でしだんな》等・自他彼此《じたひし》の心なく水魚《すいぎょ》の思《おもい》を成《な》して異体同心にして南無妙法蓮華経と唱《とな》え奉《たてまつ》る処《ところ》を生死一大事の血脈とは云《い》うなり」と断言《だんげん》なされています。

ここでは、まず冒頭《ぼうとう》に「総じて」の一句を示《しめ》され、続けて「日蓮が弟子檀那等」と仰《おお》せです。これは末法《まっぽう》の御本仏《ごほんぶつ》のもとに集《つど》って広宣流布《こうせんるふ》を目指《めざ》す、真実《しんじつ》の「師弟《してい》」、および「和合僧《わごうそう》」を指《さ》し示《しめ》されているのです。

さらに、この和合僧の要件《ようけん》として、「自他彼此《じたひし》の心なく」「水魚《すいぎょ》の思《おもい》を成《な》して」「異体同《いたいどう》心《しん》にして」との三点を挙《あ》げられています。そして、この要件のもと、自行化他《じぎょうけた》にわたって「南無妙法蓮華経と唱《とな》え奉《たてまつ》る」実践《じっせん》があるところにこそ、「生死一大事《しょうじいちだいじ》の血脈《けつみゃく》」が流《なが》れ通《かよ》うと明言《めいげん》なされています。

「自他彼此の心なく」

まず、「自他彼此の心」とは、何か。「自分」と「他人」、「彼《かれ》」と「此《これ》」を切《き》り離《はな》して心を通わせない、「対立《たいりつ》」「差別《さべつ》」「自己《じこ》中心」の心のことです。このような殺伐《さつばつ》たるエゴの一念《いちねん》には、当然、仏《ほとけ》の血脈は通わない。

人間は、ともすると、権力《けんりょく》や名誉《めいよ》や利害《りがい》に心を奪《うば》われ、地位《ちい》や立場などに強い執着《しゅうちゃく》をもち、さらに名聞名利《みょうもんみょうり》に流されて、「自己中心」になっていきがちです。信心とは、結局《けっきょく》、この「自己中心《じこ》」の心との戦《たたか》いです。

この心に囚《とら》われて信心を失《うしな》えば、いかなる幹部であっても、また、いかにうまいことを言っても、広宣流布《こうせんるふ》の大願《だいがん》を同心《どうしん》とする清浄無比《せいじょうむひ》の和合僧《わごうそう》の中に、いられなくなる。

それればかりか、大聖人は本抄で「異体異心《いたいいしん》の者」について「城者《じょうしゃ》として城《しろ》を破《やぶ》るが如《ごと》し」と言われている。すなわち、広宣流布のための城の中にいながら、広宣流布を破壊《はかい》していく師子身中《ししんちゅう》の虫《むし》〈注1〉へと堕《だ》してしまう。ゆえに大聖人は「自他彼此《じたひし》の心なく」と、厳《きび》しく戒《いまし》められているのです。

「水魚《すいぎょ》の思《おもい》を成《な》して」

続いて、「水魚の思を成して」と仰《おお》せです。「水魚の思」とは、切《き》り離《はな》すことができない水と魚《うお》の関係のように「親密《しんみつ》な思い」を言います。互《たが》いに異《こと》なる立場にあっても、互いに尊敬《そんけい》しあい、互いに理解《りかい》しあい、守《まも》りあい、互いに大切に思っていく心のことです。

端的《たんてき》に言えば「仲《なか》よく!」ということです。

師弟《してい》を根幹《こんかん》として、同じ大目的をめざし、ともに触発《しょくはつ》しあい、励《はげ》ましあい、支《ささ》えあって前進すれば、自然《しぜん》に仲《なか》がよくなります。前進の勢《いきお》いがみなぎっている組織は、決まってリーダー同士の仲がよいものです。

中国の『三国志《さんごくし》』に登場する、劉備玄徳《りゅうびげんとく》と諸葛孔明《しょかつこうめい》〈注2〉が互《たが》いに尊重《そんちょう》しあう関係を「水魚《すいぎょ》の交《まじ》わり」と称《たた》えられていることは、有名《ゆうめい》です。

広宣流布《こうせんるふ》の大願《だいがん》という「仏《ほとけ》の心」を「我《わ》が心」として、皆《みな》の幸福のため、広宣流布のために祈《いの》り、動き、如来《にょらい》の行《ぎょう》に励む人にとって、同志《どうし》はともに最高の使命《しめい》に生きゆく尊貴《そんき》な存在です。対立《たいりつ》や差別《さべつ》とは無縁《むえん》であり、和合《わごう》と触発の生き生きとした関係が、そこに成《な》り立《た》つのです。

異体同心《いたいどうしん》と血脈《けつみゃく》

そして、三つ目に「異体同心」との要件《ようけん》を挙《あ》げられています。これが根本《こんぽん》です。前の二つもこれに含《ふく》まれることは言うまでもありません。

「異体《いたい》」とは、人それぞれに個性《こせい》、特質《とくしつ》、立場等が異《こと》なることです。「同心《どうしん》」とは、目的観や価値観《かちかん》が同じこと、また、特に大聖人の仏法では、「妙法への信心」と「広宣流布《こうせんるふ》の大願《だいがん》」を同じくすることです。

いわば、法を中心として「個」と「全体」の調和《ちょうわ》する姿《すがた》が、仏法の「異体同心」です。この言葉には、多彩《たさい》な人材群《じんざいぐん》が、互《たが》いに触発《しょくはつ》しあって広宣流布へ前進していく躍動《やくどう》の姿が凝結《ぎょうけつ》していると言っていいでしょう。

大聖人は、異体同心で前進しながら南無妙法蓮華経と唱《とな》えるところにこそ「生死一大事《しょうじいちだいじ》血脈《けつみゃく》」が流《なが》れ通《かよ》うと結論《けつろん》されています。

「異体同心」についての大聖人の教《おし》えの要点《ようてん》を述《の》べれば、第一に、異体同心こそ万事《ばんじ》において「事《こと》を成就《じょうじゅ》するための鍵《かぎ》」「勝利の要諦《ようてい》」であると強調《きょうちょう》されています〈注3〉。

第二に、特に仏《ほとけ》と魔《ま》との戦《たたか》いである末法《まっぽう》広宣流布においては、「異体同心の団結《だんけつ》」が絶《ぜっ》対《たい》に不可欠《ふかけつ》である。

そして、いかに広宣流布を妨《さまた》げる悪《あく》の勢力《せいりょく》が強くても、「異体同心の団結」があれば、必《かなら》ず勝ちこえていけるとの大確信《だいかくしん》を打《う》ち込《こ》まれています〈注4〉。

心を一つにして祈《いの》る

異体同心《いたいどうしん》は、いわば「法華経の兵法《へいほう》」〈注5〉の究極《きゅうきょく》であると言えます。「法華経の兵法」とは、要《よう》するに「祈り」です。なかんずく、異体同心とは、「心を一つにして祈る」ことにほかなりません。

異体同心の祈りがなければ、どんな策《さく》や方法論を立てても、広宣流布《こうせんるふ》は進まない。根本《こんぽん》の異体同心の強き祈りがあれば、そこには大きな勢《いきお》いが生まれ、かりに異体異心《いしん》の者が出たとしても、悠々《ゆうゆう》と吹《ふ》き飛《と》ばして前進していくことができます。

そしてまた、「同心」とは、「広宣流布の大願《だいがん》」です。

「広宣流布」は、万人《ばんにん》の成仏《じょうぶつ》を目指《めざ》す仏《ほとけ》の大願です。その「仏の大願」「師《し》の大願」を「我《わ》が誓願《せいがん》」として、勇《いさ》んで広宣流布の実践《じっせん》を起《お》こしていくのが「同心」です。

「広宣流布を願《ねが》う心から生まれる祈り」こそ、「同心」の真髄《しんずい》であるといえるのではないでしょうか。この祈りが脈打《みゃくう》っているのが創価学会の組織です。

完璧《かんぺき》な勝利のリズム

広宣流布《こうせんるふ》への祈《いの》りを根幹《こんかん》とする異体同心《いたいどうしん》の前進には、勢《いきお》いがあり、勝利への力《ちから》がありま す。さらにまた、その中で前進している人々は仲《なか》がよく、労苦《ろうく》があっても楽《たの》しい。その勝利のリズム、躍動《やくどう》のリズムを築《きず》くための要諦《ようてい》は、ひとえに「同心」にあります。すなわち「広宣流布の大願《だいがん》」という「仏《ほとけ》の心」に皆《みな》の心を合わせていくから、妙法のリズムが生まれる。

仏の尊極《そんごく》の心に共鳴《きょうめい》していくから、成長があり、前進があり、歓喜《かんき》があり、勝利がある。また、世間的《せけんてき》な仲間《なかま》意識《いしき》やつながりを、はるかに超《こ》えた、崩《くず》れることのない「人材《じんざい》の城《しろ》」「幸福の城」「平和の城」ができあがるのです。

「仏の大願」「師《し》の心」に自分の心を合わせるのが異体同心です。その意味《いみ》で、異体同心の核心《かくしん》も「師弟不二《していふに》」にあるといってよい。

本抄では、大聖人の弘通《ぐつう》の「所詮《しょせん》」つまり目指《めざ》すところは、「異体同心」の実現にあるとの重要《じゅうよう》な御指南《ごしなん》をされています。

これは、異体同心《いたいどうしん》の組織こそが、仏《ほとけ》の血脈《けつみゃく》を通《かよ》わせることができるからです。師弟不二《していふに》の実践《じっせん》を、どこまでも大きく広げ、いつまでも長く通わせる力《ちから》を持っているのが、異体同心の和合僧《わごうそう》です。

たとえば、大聖人の滅後《めつご》において、大聖人と直接《ちょくせつ》にお会いしたことがない人であっても、大聖人の精神《せいしん》が脈打《みゃくう》っている異体同心の組織があれば、大聖人と師弟不二の実践が可《か》能《のう》になります。だから、成仏《じょうぶつ》の血脈が長く流《なが》れ通うのです。

ゆえに、異体同心の和合僧があれば「広宣流布《こうせんるふ》の大願《だいがん》も叶《かな》うべき者か」です。異体同心の組織があれば、仏《ほとけ》の広布《こうふ》大願が断絶《だんぜつ》なく継承《けいしょう》され、必《かなら》ず広宣流布が成就《じょうじゅ》することは間違《まちが》いないとの御断言《ごだんげん》です。

「異体同心」は、広宣流布の大願成就の根本的《こんぽんてき》な要件《ようけん》です。

創価学会においても、初代会長、二代会長の戦《たたか》いは、完璧《かんぺき》な勝利のリズムを刻《きざ》む異体同心の組織の構築《こうちく》に捧《ささ》げられたと言えます。私も、その使命《しめい》を継承し、完成《かんせい》するために一身《いっしん》をなげうって戦ってきました。そして、今、世界広宣流布の基盤《きばん》となる異体同心の盤石《ばんじゃく》な和合僧《わごうそう》ができあがりました。

私が今、願《ねが》うことは、この尊《とうと》き異体同心《いたいどうしん》の勝利のリズムを、後継《こうけい》の青年たちに完璧《かんぺき》に受《う》け継《つ》いでもらいたいということです。そのためにも、勝利の鍵《かぎ》となる「同心《どうしん》」について、何点か、その意義《いぎ》を確認《かくにん》しておきたい。

「同心」とは

①広布大願《こうふだいがん》

一つは、「同心」とは「広宣流布《こうせんるふ》の大願」であるということです。

熱原《あつはら》の法難《ほうなん》〈注6〉の渦中《かちゅう》、大聖人は若き南条時光《なんじょうときみつ》〈注7〉に、「願《ねが》わくは我《わ》が弟子《でし》等・大願をおこせ」（全一五六一ジペー・新一八九五ジペー）と呼《よ》びかけられました。「同じ一生であるならば、広宣流布のために命《いのち》を捧《ささ》げよ！」との大聖人の烈々《れつれつ》たる叫《さけ》びであられます。

「広宣流布の大願」は、大聖人直結《ちょっけつ》で広布大願を受け継いだ初代、二代、三代の師弟《してい》の心そのものでもあります。三代の師弟は、この大願を一瞬《いっしゅん》も忘《わす》れずに不惜《ふしゃく》の行動を貫《つらぬ》いてきました。これこそが異体同心《いたいどうしん》の核心《かくしん》なのです。

さらにまた、これは、広布《こうふ》を破壊《はかい》する悪《あく》とは徹底的《てっていてき》に戦《たたか》う精神《せいしん》でもある。これまでも「異心《いしん》」の輩《やから》は、名聞名利《みようもんみようり》におぼれ、広宣流布《こうせんるふ》を忘《わす》れ、我執《がしゆう》に走り、和合僧《わごうそう》を乱《みだ》してきた。このような悪とは、恐《おそ》れることなく断固《だんこ》として戦う。これが法華経の真髄《しんずい》であり、学会精神です。

②同志《どうし》を尊敬《そんけい》する心

次に、「同心」とは、「同志を尊敬する心」であらねばなりません。

法華経の広宣流布の精神は「万人《ばんにん》の成仏《じようぶつ》」を確信《かくしん》することに基《もと》づきます。その広宣流布のための異体同心の和合僧は、万人に仏性《ぶつしよう》があるという法華経の哲学《てつがく》を反映《はんえい》した世界です。不軽菩薩《ふきようぼさつ》〈注8〉は、一切衆生《いつさいしゆじよう》に仏性があり、法華経を持《たも》てば必《かなら》ず成仏できると確信して万人を礼拝《らいはい》する礼拝行《ぎよう》を立てました。法華経を持たない人に対しても尊敬したのです。いわんや、御本尊を持ち、広宣流布に戦う同志は必ず仏《ほとけ》になれる人です。法華経を持つ人を〝仏の如《ごと》く敬《うやま》うべし〟と、法華経普賢品《ふげんぼん》にも説《と》かれています。

異体同心《いたいどうしん》とは、万人《ばんにん》を尊敬《そんけい》する仏法哲学《てつがく》に基《もと》づく人と人との絆《きずな》です。「同心」とは、同《どう》志《し》が互《たが》いに尊敬し合っていく心にほかならないのです。

③師弟不二《していふに》の信心

第三に、「同心」とは、「師弟不二の信心」にほかならない。異体同心の核心《かくしん》は、自身の心を、仏《ほとけ》の心、広宣流布《こうせんるふ》の指導者の心である広布大願《こうふだいがん》に合わせていく「師弟不二の信心」にあります。

日興上人《にっこうしょうにん》〈注9〉は師弟不二を貫《つらぬ》き、「大聖人直結《ちょっけつ》」の和合僧団《わごうそうだん》を築《きず》かれました。反対に、五老僧《ごろうそう》〈注10〉は、権力《けんりょく》を恐《おそ》れ、師弟を忘《わす》れてしまったがゆえに、広宣流布の大道《だいどう》から外《はず》れてしまった。まさしく師敵対《てきたい》とは、異体異心《いしん》そのものです。

「創価学会仏《ぶつ》」

三代の師弟によって示《しめ》された広宣流布に戦《たたか》う根本精神《こんぽんせいしん》が異体同心の組織の中に脈動《みゃくどう》して

いくとき、創価学会は、民衆《みんしゅう》を救済《きゅうさい》する仏《ほとけ》の大生命力を恒久的《こうきゅうてき》に持《たも》ち続けることになります。

その力《ちから》は、民衆の苦悩《くのう》の暗闇《くらやみ》を破《やぶ》り、勇気《ゆうき》と希望《きぼう》を与《あた》えゆく「慈悲《じひ》の大光《たいこう》」として輝《かがや》きます。悪《あく》を打倒《だとう》し、正義《せいぎ》を叫《さけ》び抜《ぬ》く「師子吼《ししく》」となって響《ひび》きます。宿命転換《しゅくめいてんかん》して、自他共《じたとも》の幸福を築《きず》く「大確信《だいかくしん》」が一人《ひとり》一人の胸中《きょうちゅう》に開《ひら》かれます。

そして、そのような仏の力を具《そな》えつつ、いかなる三障四魔《さんしょうしま》の大難《だいなん》にも打《う》ち勝《か》つ「異体同《いたいどう》心《しん》の和合僧《わごうそう》」「金剛不壊《こんごうふえ》の師弟《してい》の大城《だいじょう》」として聳《そび》え立《た》つのが、創価学会の組織なのです。

ゆえに戸田先生は、「未来《みらい》の経典《きょうてん》には『創価学会仏《ぶつ》』の名が記《しる》される」と予見《よけん》なされました。大聖人に直結《ちょっけつ》した広宣流布《こうせんるふ》遂行《すいこう》の和合僧団《だん》である創価学会は、それ自体《じたい》が仏そのものなのである。これが、戸田先生の大確信であられた。

戸田先生は幾度《いくたび》も、「戸田の命《いのち》よりも大切な学会の組織」と語《かた》られました。

私も、何よりも大切な仏意仏勅《ぶついぶっちょく》の和合僧団を、戸田先生の命そのものとして、お預《あず》かりしてきました。そして「異体同心」を根幹《こんかん》の指針《ししん》として、この創価学会を大発展《だいはってん》させ広宣流布を進めてきました。

どうか、これからも、「異体《いたい》」を「同心《どうしん》」にしていく信心の努力《どりょく》と誠実《せいじつ》な行動によって、三代の師弟《してい》が築《きず》いた仏意仏勅《ぶついぶっちょく》の和合僧団《わごうそうだん》を拡大《かくだい》していっていただきたい。それ自体《じたい》が、広《こう》宣流布《せんるふ》の道であり、世界平和への確《たし》かな前進だからです。

注

〈注1〉**【師《し》子身中《ししんちゅう》の虫《むし》】**ライオンの体《からだ》の中から生《しょう》じて食《く》い破《やぶ》る虫のこと。蓮華面経《れんげめんきょう》巻上には、師子が死《し》んでも他に食うものはいないが、師子の身中から生じた虫がその肉を食うように、仏法は外からは破壊《はかい》されないが、内《うち》にいる悪僧《あくそう》によって破壊される（趣意）と説《と》かれている。

〈注2〉**【劉備玄徳《りゅうびげんとく》と諸葛孔明《しょかつこうめい》】**劉備玄徳（一六一年～二二三年）は、中国の三国《さんごく》時代の蜀《しょく》の初代の王。諸葛孔明（一八一年～二三四年）は、諱《いみな》は亮《りょう》で、劉備玄徳に仕《つか》えた丞相《じょうしょう》であり、知略《ちりゃく》を発揮《はっき》した軍師《ぐんし》。劉備は、自《みずか》らにとって孔明は魚《うお》に水が不可欠《ふかけつ》であるようなものであると称《たた》えた。

〈注3〉「異体同心《いたいどうしん》なれば万事《ばんじ》を成《じょう》じ同体異心《どうたいいしん》なれば諸事叶《しょじかな》う事《こと》なしと申す事は外典《げてん》三千余巻《よかん》に定《さだま》りて候《そうろう》、（中略）一人《いちにん》の心なれども二つの心あれば其《そ》の心たが《違》いて成ずる事なし、百人・千人なれども一つ心なれば必《かなら》ず事を成ず」（「異体同心事《いたいどうしんじ》」、全一四六三㌻・新二〇五四㌻）

〈注4〉「日蓮が一類《いちるい》は異《い》体同心《たいどうしん》なれば人人《ひとびと》すくなく候《そうら》へども大事を成《じょう》じて・一定《いちじょう》法華経ひろまりなんと覚《おぼ》へ候《そうろう》、悪《あく》は多けれども一善《いちぜん》にかつ事《こと》なし、譬《たと》へば多くの火あつまれども一水《いっすい》にはきゑ《消》ぬ、此《こ》の一門《いちもん》も又《また》かくのごとし」（「異体同心事《いたいどうしんじ》」、全一四六三㌻・新二〇五四㌻）

〈注5〉**【法華経の兵法《へいほう》】** 法華経を根本《こんぽん》とした戦《たたか》い方《かた》。南無妙法蓮華経の御本尊への強盛《ごうじょう》な祈《いの》りを根本として困難《こんなん》と戦うこと。「四条金吾殿御返事《しじょうきんごどのごへんじ》」には「なにの兵法よりも法華経の兵法をもちひ給《たも》うべし」（全一一九二㌻・新一六二三㌻）と仰《おお》せである。

〈注6〉**【熱原《あつはら》の法難《ほうなん》】** 弘安年間《こうあんねんかん》に駿河国富士郡下方荘熱原郷《するがのくにふじぐんしもかたしょうあつはらごう》で起《お》こった日蓮大聖人門下《もんか》への弾圧《だんあつ》。日興上人《にっこうしょうにん》を中心とする弘教《ぐきょう》の発展《はってん》を嫌《きら》った滝泉寺院主代《りゅうせんじいんじゅだい》の行智《ぎょうち》が引き起こし、その中で、幕府《ばくふ》の実力者《じつりょくしゃ》・平左衛門尉頼綱《へいのさえもんのじょうよりつな》によって、不退《ふたい》の信心を貫《つらぬ》く神四郎《じんしろう》ら農民信徒《のうみんしんと》三人が処刑《しょけい》され殉教《じゅんきょう》した。

〈注7〉**【南条時光《なんじょうときみつ》】** 一二五九年～一三三二年。駿河国富士郡上方荘上野郷《するがのくにふじぐんかみかたしょううえのごう》の武士。南条兵衛七郎《ひょうえしちろう》の二男で、父の亡《な》き後、母とともに父の信心を受《う》け継《つ》いで、若くして日蓮大聖人の門下《もんか》となり、日興上人《にっこうしょうにん》の指導のもと純真《じゅんしん》な信心を貫《つらぬ》いた。大聖人を外護《げご》し、熱原《あつはら》の法難《ほうなん》の折にも尽力《じんりょく》し、また大聖人御入滅後《ごにゅうめつご》、身延《みのぶ》から離山《りざん》された日興上人を自領《じりょう》に迎《むか》えて外護した。

〈注8〉**【不軽菩薩《ふきょうぼさつ》】** 法華経常不軽菩薩品《じょうふきょうぼさつほん》第二十に説《と》かれる菩薩。釈尊《しゃくそん》の過去世《かこせ》の姿《すがた》で、威音王仏《いおんのうぶつ》の像法《ぞうほう》の末《まつ》に、あらゆる人に仏性《ぶっしょう》が具《そな》わっており法華経を受持《じゅじ》すれば成仏《じょうぶつ》すると語《かた》りながら万人《ばんにん》を礼拝《らいはい》し、慢心《まんしん》の人々から迫害《はくがい》を受けたが、礼拝行《ぎょう》を貫《つらぬ》き通《とお》した。その修行《しゅぎょう》が因《いん》となって成仏した。

〈注9〉【日興上人《にっこうしょうにん》】一二四六年～一三三三年。日蓮大聖人の弟子《でし》で、師弟不二《していふに》の実践《じっせん》をただ一人《ひとり》貫《つらぬ》いた後継者《こうけいしゃ》。もと四十九院《しじゅうくいん》の僧《そう》であったが、日蓮大聖人に出会《であ》って弟子となり常随給仕《じょうずいきゅうじ》し、とくに身延入山後《みのぶにゅうざんご》は駿河《するが》方面の弘教《ぐきょう》に励《はげ》んだ。大聖人御入滅《ごにゅうめつ》の後、謗法《ほうぼう》に染《そ》まった他の高弟《こうてい》たちと決別《けつべつ》し、富士《ふじ》に移《うつ》り、正法《しょうほう》を護持《ごじ》し、弘教を進展《しんてん》させるとともに弟子の養成《ようせい》に努《つと》めた。

〈注10〉【五老僧《ごろうそう》】日蓮大聖人が選《えら》ばれた六人の高弟《こうてい》のうち、日興上人《にっこうしょうにん》を除《のぞ》く五人。大聖人御入滅《ごにゅうめつ》の後、墓所《ぼしょ》の輪番《りんばん》を守《まも》らず、天台沙門《てんだいしゃもん》と名乗《なの》ったり、神社への参詣《さんけい》を容認《ようにん》するなど、大聖人の教《おし》えに背《そむ》いた。

第9回

師弟不二《していふに》

——広布大願《こうふだいがん》に生《い》き抜《ぬ》く師弟の絆《きずな》は三世永遠《さんぜえいえん》

御文

日本国の一切衆生《いっさいしゅじょう》に法華経を信ぜしめて仏《ほとけ》に成《な》る血脈《けつみゃく》を継《つ》がしめんとするに・還《かえ》つて日蓮を種種《しゅじゅ》の難《なん》に合《あわ》せ結句此《けっくこ》の島まで流罪《るざい》す、而《しか》るに貴辺《きへん》・日蓮に随順《ずいじゅん》し又《また》難に値《あ》い給《たも》う事《こと》・心中《しんちゅう》思い遣《や》られて痛《いたま》しく候《そうろう》ぞ、金《こがね》は大火《たいか》にも焼《や》けず大水《たいすい》にも漂《ただよ》わず朽《く》ちず・鉄《くろがね》は水火《すいか》共《とも》に堪《た》えず・賢人《けんじん》は金の如《ごと》く愚人《ぐにん》は鉄の如し・貴辺豈真金《あにしんきん》に非《あら》ずや・法華経の金を持《たも》つ故《ゆえ》か、経《きょう》に云《いわ》く「衆山《しゅせん》の中に須弥山《しゅみせん》為《これ》第一・此の法華経も亦復《また》是《か》くの如《ごと》し」又云《またいわ》く「火も焼《や》くこと能《あた》わず水も漂《ただよ》わすこと能わず」云云、過去《かこ》の宿縁《しゅくえん》追《お》い来《きた》つて今度日蓮が弟子《でし》と成《な》り給《たも》うか・釈迦多宝《しゃかたほう》こそ御存知候《ごぞんちそうろう》らめ、「在在諸仏土常与師《ざいざいしょぶつどじょうよし》倶生《ぐしょう》」よも虚事候《そらごとそうら》はじ（全一三三七㌻・新一七七六㌻）

通解

日蓮は、日本国の一切衆生《いっさいしゅじょう》に法華経を信じさせて、仏《ほとけ》に成る血脈《けつみゃく》を継《つ》がせようとしているのに、かえって日蓮を種々《しゅじゅ》の難《なん》にあわせ、揚《あ》げ句《く》の果《は》ては、この島（佐渡《さど》）まで流罪《るざい》した。ところが、あなた（最蓮房《さいれんぼう》）は、日蓮の弟子となって付《つ》き従《したが》い、また難にあわれている。その心中《しんちゅう》が思いやられて、心を痛《いた》めています。

金は大火《たいか》にも焼けず、大水《たいすい》にも流《なが》されず、朽《く》ちることがない。鉄は水にも火にも、ともに耐《た》えることができない。賢人《けんじん》は金のようであり、愚人《ぐにん》は鉄のようである。あなたが、どうして真《しん》金《きん》でないことがあろうか。法華経の金を持《たも》つゆえであろう。

法華経に「あらゆる山の中で、須弥山《しゅみせん》が第一である。この法華経もまた、一切経《いっさいきょう》の中で第一である」（薬王品《やくおうぼん》第二十三）とある。また「火も焼くことができず、水も漂わすことができない」

（薬王品《やくおうぼん》第二十三）と説《と》かれている。

あなたは、過去《かこ》の宿縁《しゅくえん》に運《はこ》ばれて、今度、日蓮の弟子《でし》となられたのであろうか。釈迦仏《しゃかぶつ》・多宝如来《たほうにょらい》こそ、ご存《ぞん》じであると思われる。「いたるところの諸仏《しょぶつ》の国土《こくど》に、常に師《し》とともに生まれる」（化城喩品《けじょうゆほん》第七）との経文《きょうもん》は、決《けつ》して、嘘《うそ》ではあるまい。

講義

仏法は「師弟《してい》の宗教」です。「師弟不二《ふに》」が実践《じっせん》の真髄《しんずい》です。「師弟」を忘《わす》れれば、成仏《じょうぶつ》もありません。永遠《えいえん》の幸福もなければ、広宣流布《こうせんるふ》もありません。それは、師弟の絆《きずな》によってこそ「法」を伝《つた》えることができるからです。仏法は「生命の法」です。「生命の法」は、言葉や観念《かんねん》だけでは伝わりません。「生死一大事《しょうじいちだいじ》の血脈《けつみゃく》」も、その本質《ほんしつ》は、師弟の実践があるところに流《なが》れ通《かよ》います。師弟がなければ、血脈も断絶《だんぜつ》してしまうことを知らねばなりません。

「師《し》の心」とは「広宣流布《こうせんるふ》の大願《だいがん》」

大聖人は、今回拝《はい》する御文《ごもん》の最初で、仏法の師弟《してい》における「師の心」を明《あ》かされていま
す。すなわち「日本国の一切衆生《いっさいしゆじょう》に法華経を信ぜしめて仏《ほとけ》に成《な》る血脈《けつみゃく》を継《つ》がしめん」と仰《おお》
せです。これは、大聖人御自身《ごじしん》の大闘争《だいとうそう》の御生涯《ごしょうがい》を貫《つらぬ》く「御本仏《ごほんぶつ》のお心」の核心《かくしん》を示《しめ》され
ていると拝されます。

〝全民衆《ぜんみんしゅう》に平等《びょうどう》に仏に成る血脈を継がせたい〟――このお心は、そのまま「法華経の心」
であり、法華経に説《と》かれた「仏の大願」にほかなりません。

法華経は、〝すべての人を成仏《じょうぶつ》させよう〟との「仏の大願」が貫《つらぬ》かれている経典《きょうてん》です。
そして、その誓願《せいがん》を受け継いだ人こそが、「真《しん》の菩薩《ぼさつ》」であり、「仏の真の弟子《でし》」であるこ
とが明かされています。

さらにまた、釈尊滅後《しゃくそんめつご》の一閻浮提《いちえんぶだい》広宣流布が遺命《ゆいめい》され、広宣流布を断絶《だんぜつ》させる魔性《ましょう》との
闘争《とうそう》に勝《か》ち抜《ぬ》かなければならないことが示されます〈注1〉。

したがって、万人《ばんにん》の成仏《じょうぶつ》、自他共《じたとも》の幸福を願《ねが》う「仏《ほとけ》の大願《だいがん》」「師《し》の心」とは、「広宣流布《こうせんるふ》の大願」そのものにほかなりません。

竜《たつ》の口《くち》の法難《ほうなん》・佐渡流罪《さどるざい》の大難《だいなん》の中で、この「師の心」が分からない弟子《でし》は、愚《おろ》かにも大聖人を誹謗《ひぼう》して退転《たいてん》していきました。大難の中でこそ、本物《ほんもの》と偽物《にせもの》が厳然《げんぜん》と峻別《しゅんべつ》されます。大聖人はこの大難にあって師弟《してい》の本質《ほんしつ》を明《あ》かされ、師の大願と心を合わせた「本門《ほんもん》の弟子」を立ち上がらせていかれました。弾圧《だんあつ》によって「千が九百九十九人は堕《お》ちて候《そうろう》」（全九〇七ジベー・新一二二三ジベー）という状態《じょうたい》になった一門《いちもん》を再《ふたた》び確立《かくりつ》していかれたのです。

佐渡の地でも、大聖人が流人《るにん》であることを承知《しょうち》のうえで、いな、法華経の行者《ぎょうじゃ》として戦《たたか》う大聖人の確《かく》たるお姿《すがた》を間近《まぢか》に拝《はい》したからこそ、大聖人に連《つら》なる真金《しんきん》の弟子が続々《ぞくぞく》と誕生《たんじょう》します。その一人《ひとり》こそが最蓮房《さいれんぼう》でした。

万人に開《ひら》かれてこそ真の血脈《けつみゃく》

ここで、「万人に成仏の血脈を継《つ》がせてあげたい」という大聖人のお心を拝察《はいさつ》するうえで、第一に重要《じゅうよう》な点は、仏法の血脈《けつみゃく》は「万人《ばんにん》に開《ひら》かれている」ということです。

この血脈の本義《ほんぎ》は、どれほど強調《きょうちょう》しても、強調しすぎることはないと言えるほど重要なことです。なぜならば、この血脈の本義を弁《わきま》えるか否《いな》かが、「人間主義の世界宗教」と「権《けん》威《い》主義の邪宗門《じゃしゅうもん》」とを分ける分水嶺《ぶんすいれい》とも言えるからです。

最蓮房《さいれんぼう》は、当時の日本天台宗《てんだいしゅう》の血脈の実態《じったい》に疑問《ぎもん》をもっていたのではないかと推察《すいさつ》されます。「立正観抄《りっしょうかんしょう》」を拝《はい》すると、高僧《こうそう》が血脈相承《そうじょう》を神秘化《しんぴか》して自身や流派《りゅうは》を権威付《づ》ける道具にしたり、あるいは高額《こうがく》で売買《ばいばい》するなど、血脈相承そのものが腐敗《ふはい》・堕落《だらく》の温床《おんしょう》になっていたのです〈注2〉。

広布《こうふ》の大願《だいがん》に不惜身命《ふしゃくしんみょう》が不可欠《ふかけつ》

次に、大聖人は、「還《かえ》つて日蓮を種種《しゅじゅ》の難《なん》に合《あわ》せ結句此《けっくこ》の島まで流罪《るざい》す」と仰《おお》せです。御自身《ごじしん》の二十年来の闘争《とうそう》を示《しめ》されながら、広宣流布《こうせんるふ》の戦《たたか》いは即《すなわ》ち大難《だいなん》を乗《の》り越《こ》えていく戦いであることを示されているのです。

仏法の師弟《してい》における「師の心」が、「広宣流布《こうせんるふ》の大願《だいがん》」であることは先に述《の》べた通りです。ここでは「師の振《ふ》る舞《ま》いの真髄《しんずい》」は「不惜身命《ふしゃくしんみょう》の行動」にあることを示《しめ》されていると拝《はい》することができます。

一切衆生《いっさいしゅじょう》の生命が濁《にご》る悪世《あくせ》末法《まっぽう》で正法《しょうほう》を弘通《ぐつう》すれば、生命に及《およ》ぶ大難《だいなん》を受けることは避《さ》けられません。しかし、「悦《よろこ》んで云《いわ》く本《もと》より存知《ぞんち》の旨《むね》なり」（全九一〇ジペー・新一二二六ジペー）と仰《おお》せられているように、大聖人は、大難を莞爾《かんじ》として受け止められ、真正面《ましょうめん》から勝《か》ち越《こ》えていく悠然《ゆうぜん》たる御境涯《ごきょうがい》を生涯《しょうがい》、貫《つらぬ》かれました。「還《かえ》って日蓮を種種《しゅじゅ》の難に合《あわ》せ結句《けっく》此《こ》の島まで流罪《るざい》す」との表現には、いかなる大難にも揺《ゆ》るがぬ、大聖人の「師子王《ししおう》の心」に満《み》ち満ちた、「法根本《こんぽん》」「不惜身命」の澄《す》み切《き》った御境涯を拝することができます。

難を越えて法華経を受持《じゅじ》する「真金《しんきん》の人」

このように、本抄では、万人《ばんにん》を成仏《じょうぶつ》させたいとの「広宣流布の大願」と、相次《あいつ》ぐ大難を勝ち越えていく「不惜身命の行動」という、末法広宣流布の戦《たたか》いにおける「師」の心と行動の真髄《しんずい》が明《あ》かされているのです。

そのうえで、「而《しか》るに貴辺《きへん》・日蓮に随順《ずいじゅん》し又難《またなん》に値《あ》い給《たも》う事《こと》」と仰《おお》せられ、最蓮房《さいれんぼう》が日蓮大聖人に随順し、しかも、それゆえに自分自身も難を受けたことをもって、最蓮房を「真金《しんきん》」の人と讃《たた》えられています。

師《し》に随順して「弟子《でし》の道」に生《い》き抜《ぬ》いている最蓮房を賞讃《しょうさん》されつつ、大聖人は師弟不二《していふに》の実践《じっせん》の中にこそ、仏法の一大事《いちだいじ》である血脈《けつみゃく》が流《なが》れ通《かよ》うことを教《おし》えておられるのです。

最蓮房自身が受けた難とは、具体的《ぐたいてき》にいかなるものかは知られていません。しかし、佐渡《さど》では、大聖人を師と仰《あお》ぐ弟子たちが何らかの難を受けていたことは確《たし》かです。あるいは、大聖人のお命《いのち》を狙《ねら》う悪人《あくにん》たちが、門下《もんか》を迫害《はくがい》したことも想像《そうぞう》に難《かた》くありません。

例《たと》えば、阿仏房《あぶつぼう》・千日尼《せんにちあま》〈注3〉が受けた苦難《くなん》について御書には「地頭《じとう》という地頭、念《ねん》仏者《ぶつしゃ》という念仏者らが、日蓮の庵室《あんしつ》に昼夜《ちゅうや》に見張《みは》りに立っていて、日蓮のもとに通《かよ》う人があるとその人を惑《まど》わそうとして責《せ》め立《た》てる」（全一三一三ジ・新一七四一ジ、趣意）、「あるいは所を追《お》われ、罰金《ばっきん》を科《か》せられ、あるいは住む家を取られなどした」（全一三一四ジ・新同ジ、趣意）等と仰《おお》せです〈注4〉。

最蓮房《さいれんぼう》が大聖人の門下《もんか》になったがゆえに難《なん》にあったことに対して、大聖人は、「心中思《しんちゅう》い遣《や》られて痛《いた》しく候《そうろう》ぞ」と仰《おお》せになられています。

そしてまた、最蓮房が難に負《ま》けることなく、大聖人に随順《ずいじゅん》し抜《ぬ》いたゆえに、最蓮房を「真金《しんきん》」の人であると讃歎《さんたん》されているのです。

さらに、「真金」である理由《りゆう》は「法華経の金《こがね》を持《たも》つ故《ゆえ》」であると明確《めいかく》に示《しめ》されています。「法華経を持つ」とは、具体的《ぐたいてき》には、法華経の行者《ぎょうじゃ》として生ききった師匠《ししょう》の大願《だいがん》を自《みずか》らの誓願《せいがん》として持つことであり、苦難《くなん》の時にも師と同じく不惜身命《ふしゃくしんみょう》の確《かく》たる信心を貫《つらぬ》いていくことにほかなりません。

すなわち、「真金の人」とは、不惜身命で「法」に生き抜く人の異名《いみょう》です。この人こそ、「持たるる法だに第一ならば持つ人随《したが》つて第一なるべし」（全四六五ページ・新五一六ページ）と仰せの通り「第一の人」なのです。

最高の信念《しんねん》に生き抜く人は、常に本質《ほんしつ》を見抜くゆえに、物事《ものごと》の表面にとらわれず、何事《なにごと》にも紛動《ふんどう》されることはありません。

それに対して、信念なき愚人《ぐにん》は、愚《おろ》かな自分の心が基準《きじゅん》となるゆえに、常に迷《まよ》い、困難《こんなん》や障害《しょうがい》に容易《ようい》に負《ま》けてしまうものです。

最蓮房《さいれんぼう》自身、法華経が最勝《さいしょう》の経典《きょうてん》であることを深《ふか》く理解《りかい》していたことは間違《まちが》いありません。そのうえで、最蓮房が大聖人の真金《しんきん》の弟子《でし》たるゆえんは、師《し》に随順《ずいじゅん》する金剛不壊《こんごうふえ》の覚《かく》悟《ご》にあったといってよい。

最蓮房は佐渡《さど》の地で、諸経《しょきょう》の王である法華経を如説修行《にょせつしゅぎょう》し、法華経の心のままに、不惜《ふしゃく》身命《しんみょう》で民衆救済《みんしゅうきゅうさい》に生《い》き抜《ぬ》かれる、真《しん》の「法華経の行者《ぎょうじゃ》」を眼前《がんぜん》に拝《はい》して、厳粛《げんしゅく》なる感動《かんどう》に包《つつ》まれた。それは、「御弟子《みでし》の一分《いちぶん》と思《おぼ》し食《め》され候《そうら》はば恐悦《きょうえつ》に相存《あいぞん》ず可《べ》く候《そうろう》」（全一三四〇ページ・新一七八〇ページ）との最蓮房の言葉に表《あらわ》れています。

この法華経の行者とともに邁進《まいしん》し抜いていくことこそが、法華経の真髄《しんずい》であり、極意《ごくい》であることを、最蓮房は即座《そくざ》に、そして正確《せいかく》に理解したに違いない。だからこそ、迷《まよ》いなく師とともに忍難《にんなん》の道を選《えら》べたのではないだろうか。

大聖人は、続いて、法華経薬王品《やくおうぼん》第二十三から二つの経文《きょうもん》を引用《いんよう》なされています。これは、法華経を持《たも》つ真の境涯《きょうがい》を示《しめ》すためと拝されます。

まず、受持《じゅじ》される「法」である法華経について「衆山《しゅせん》の中に須弥《しゅみ》山《せん》為《これ》第一・此《こ》の法華経も亦復是《またか》くの如《ごと》し」とあります。世界の中央に聳《そび》え立《た》つ須弥山《しゅみせん》のように、妙法は最高無上《むじょう》の法です。

さらにまた、法華経を持《たも》つ「人」の確固《かっこ》たる境涯《きょうがい》について「火も焼《や》くこと能《あた》わず水も漂《ただよ》わすこと能わず」とあります。妙法を受持《じゅじ》した人は、我《わ》が胸中《きょうちゅう》に仏界《ぶっかい》という偉大《いだい》な力《ちから》を涌《ゆ》現《げん》していくゆえに、いかなる苦悩《くのう》や困難《こんなん》にも侵《おか》されることなく、厳然《げんぜん》と勝《か》ち抜《ぬ》くことができるのです。

「法華経を持つ」とは、賢人《けんじん》・真金《しんきん》の人として生きる深《ふか》い悦《よろこ》びを持つ、ということです。その晴《は》れ晴《ば》れとした誇《ほこ》りから、「難《なん》に耐《た》える力」「難を乗《の》り越《こ》える勇気《ゆうき》」「難に打ち勝つ智《ち》慧《え》」が生まれるのです。

師弟《してい》は三世《さんぜ》の宿縁《しゅくえん》

また、大聖人は、佐渡《さど》の地で真金の弟子《でし》となった最蓮房《さいれんぼう》に対して、「宿縁の深さ」を述《の》べられています。

それが「過去《かこ》の宿縁追《しゆくえんお》い来《きた》って今度日蓮が弟子《でし》と成《な》り給《たも》うか」の一節《いっせつ》です。

この不思議《ふしぎ》な宿縁は、ただ、釈迦仏《しやかぶつ》・多宝如来《たほうにょらい》という仏《ほとけ》にしか分からないであろうと大聖人は仰《おお》せられています。

さらに、化城喩品《けじようゆほん》の経文《きようもん》に照《て》らせば、法華経を持《たも》つ師弟《してい》の深《ふか》き宿縁は間違《まちが》いない真実《しんじつ》であることを教《おし》えられています。その経文とは「在在《いたるところ》の諸仏《しよぶつ》の土《ど》に 常に師と倶《とも》に生《しよう》ず」（法華経三一七㌻）と、師弟の絆《きずな》の深さを示《しめ》した一節です。

この経文の意味《いみ》を簡単《かんたん》にまとめると、釈尊《しやくそん》の声聞《しようもん》の弟子たちは、三千塵点劫《さんぜんじんてんごう》というはるかな昔《むかし》以来、釈尊を師匠《ししよう》として、あらゆる仏の国土《こくど》に生まれては、ともに菩薩《ぼさつ》の修行《しゆぎよう》をしたという意味です。

ここで大事なことは、声聞の弟子たちがすでに過去世に菩薩行《ぎよう》を重《かさ》ねてきた菩薩であったということです。この説法《せつぽう》によって、声聞たちは、自分が本来《ほんらい》「菩薩」の境涯《きようがい》にあったことを思い出していきます。法華経では、声聞たちが無量《むりよう》の過去から、「無上《むじよう》の悟《さと》りを得《え》たい」「一切衆生《いつさいしゆじよう》を救《すく》いたい」という「深心《じんしん》の本願《ほんがん》（最《もつと》も深い過去世からの願《ねが》い）」を持っていたことが明《あ》かされます。いわば、声聞たちは、はるかな過去世以来の大願を思《おも》い起《お》こすことで、師《し》と同じ菩薩《ぼさつ》の修行《しゅぎょう》をしていた自分を〝発見《はっけん》〟し、〝自覚《じかく》〟するのです。

まさに、この経文《きょうもん》は、「自他《じた》ともの成仏《じょうぶつ》」「自他ともの幸福」という人間の、また生命の〝最《もっと》も深《ふか》い願《ねが》い〟を実現するために戦《たたか》う師弟《してい》関係が永遠《えいえん》であることを示《しめ》したものといえます。この人間生命の〝最も深い願い〟を思《おも》い起《お》こさせてくださるのが真《しん》の師です。そして、師の教《おし》えに従《したが》って、この〝最も深い願い〟が自《みずか》らの願いであることを思い起こし、〝その通りである〟と心から納得《なっとく》して、師の仰《おお》せ通りに行動を起こしていくのが真の弟子《でし》といえます。

広宣流布《こうせんるふ》を共に戦う師弟は、このように生命の最極《さいごく》の奥底《おうてい》で連《つら》なる、最も深い師弟となります。広宣流布を戦う師弟の奥底は永遠の仏界《ぶっかい》です。すなわち、戦う師弟は「九識心王《くしきしんのう》真如《しんにょ》の都《みやこ》」〈注5〉という大境涯《だいきょうがい》に共に住《じゅう》するのです。

「在在諸仏土《ざいざいしょぶつど》　常与師倶生《じょうよしぐしょう》」

戸田先生は、牧口先生の三回忌《かいき》に、こう追悼《ついとう》されました。

「あなたの慈悲《じひ》の広大無辺《こうだいむへん》は、わたくしを牢獄《ろうごく》まで連《つ》れていってくださいました。そのおかげで、『在在諸仏土《ざいざいしょぶつど》・常与師倶生《じょうよしぐしょう》』と、妙法蓮華経の一句を身《み》をもって読み、その功徳《くどく》で、地涌《じゆ》の菩薩《ぼさつ》の本事《ほんじ》を知り、法華経の意味《いみ》をかすかながらも身読《しんどく》することができました。なんたるしあわせでございましょうか」

これが仏法の師弟《してい》の極意《ごくい》です。

他の幹部たちは、それまで「牧口先生の弟子《でし》」であることを自称《じしょう》していながら、ひとたび自分が難《なん》を受けて牢獄《ろうごく》に入った時、豹変《ひょうへん》してしまった。大恩《だいおん》ある先生を「牧口の野郎《やろう》」とののしって師敵対《てきたい》していった恩知《おんし》らずもいた。人の心は怖《こわ》い。

そのなかにあって、真《しん》の弟子であった戸田先生のみが、「あなたの慈悲の広大無辺」と、深《ふか》い尊《とうと》い師弟の絆《きずな》を揺《ゆ》るぎなく自覚《じかく》されていたのです。

この尊貴《そんき》なる師弟こそ、創価の魂《たましい》です。

この魂が不朽《ふきゅう》であれば、創価学会は永遠《えいえん》に発展《はってん》し続けます。この創価の三代の師弟の魂を根幹《こんかん》としてこそ、広宣流布《こうせんるふ》の基盤《きばん》を総仕上《そうしあ》げしていけるのです。

戸田先生は、牧口先生と同じく牢獄に入ったことによって「地涌の菩薩の本事」「法華経の意味《いみ》」を知ったと述《の》べられています。その本質《ほんしつ》が、この「在在諸仏土《ざいざいしょぶつど》　常与師倶生《じょうよしぐしょう》」です。

師も弟子《でし》も永遠《えいえん》の菩薩行《ぼさつぎょう》に生きる――この一点を抜《ぬ》きにして法華経の本質《ほんしつ》はありません。戸田先生はある時、一般講義《いっぱんこうぎ》で、わかりやすい表現で、こう語《かた》られました。

――「ぼくが日本の国のぶっつぶれたところに行くから、君《きみ》らもこないか」と言ったら、「はい、行きましょう」「そうだ、では行こうかねえ」とか言って、みな出てきたのです。

――どこであろうと、もろもろの仏土に、お師匠様《ししょうさま》とかならずいっしょに生まれるとあるが、それはウソではない。師匠と弟子というものはかならずいっしょに生まれるという。この大聖人様のお言葉から拝《はい》すれば、じつにみなさんに対して、私はありがたいと思う。約束《やくそく》があって、お互《たが》いに生まれてきたのです――。

大聖人は、「過去《かこ》無量劫《むりょうこう》より已来《このかた》師弟《してい》の契約《けいやく》有《あ》りしか」（全一三四〇ジペー・新一七八〇ジペー）と仰《おお》せです。師弟は「三世《さんぜ》の宿縁《しゅくえん》」です。広宣流布《こうせんるふ》に真剣《しんけん》に戦《たたか》えば、その深《ふか》いつながりを確《たし》かに感じとることができるのです。

日蓮仏法の精髄《せいずい》である「戦う師弟の精神《せいしん》」を現代に蘇《よみがえ》らせたのが創価の初代・二代・三

代の会長です。創価学会が出現《しゅつげん》しなければ、法華経、そして日蓮仏法の師弟《してい》の魂《たましい》は潰《つい》えていたと言っても決《けっ》して過言《かごん》ではありません。

法華経の精髄《せいずい》は「師弟」

それでは、なぜ仏法において師弟が大事なのか。あらためて師弟の仏法的意義《いぎ》を確認《かくにん》しておきたい。

一般《いっぱん》に「師」とは、より熟練《じゅくれん》した技術《ぎじゅつ》、より深《ふか》い知識《ちしき》、より高い生き方、より豊《ゆた》かな境涯《きょうがい》等を教《おし》えてくれる人です。人は、何らかの意味《いみ》で自分を高めてくれる存在を「師」と仰《あお》ぎます。

仏法においては、師である仏《ほとけ》は、自《みずか》らが開悟《かいご》した「法」に基《もと》づいて成就《じょうじゅ》した尊極《そんごく》の人間性へと、弟子《でし》も共に高めようとします。その「法」とは、弟子たちにとって、無明《むみょう》によって覚知《かくち》を妨《さまた》げられ、経験《けいけん》したことのない「妙法」です。それゆえに「法とはこのようなものである」という理論的《りろんてき》な教法《きょうほう》や、「煩悩《ぼんのう》を乗《の》り越《こ》えなさい」というような実践的《じっせんてき》な教法を教《おし》えられても、その教えの言葉だけでは仏《ほとけ》の境涯《きょうがい》が伝《つた》わるわけではありません。むしろ、教えの言葉とともに、仏との人格的触《じんかくてきふ》れ合《あ》いによって触発《しょくはつ》されることによって、我《わ》が内《うち》なる「法」を覚知《かくち》することができるのです。これが「法が伝わる」ということです。

仏法において「師弟《してい》」が重要《じゅうよう》な意味《いみ》をもつ理由《りゆう》は、ここにあります。師弟の「人間」対「人間」の絆《きずな》を通してのみ「法」は伝わり、「法」に基《もと》づく人間革命《かくめい》が可能《かのう》になるのです。

「生死一大事《しょうじいちだいじ》の法」を伝えうる血脈《けつみゃく》について論《ろん》じられている本抄において、大聖人と最蓮房《さいれんぼう》との深《ふか》い師弟関係に言及《げんきゅう》されるべき必然的《ひつぜんてき》な理由も、ここにあると拝《はい》されます。

したがって、仏法は人間を離《はな》れた超越的《ちょうえつてき》存在、神秘的《しんぴてき》な存在として、「師」を立てることはありません。

「成仏《じょうぶつ》するより外《ほか》の神通《じんずう》と秘密《ひみつ》とは之《こ》れ無《な》きなり」（全七五三ジペー・新一〇四九ジペー）と仰《おお》せのように、あえて言えば、一個の人間が即身《そくしん》成仏できることこそが、仏法における最高にして唯一《ゆいいつ》の神秘です。しかも、この成仏という「神通」や「秘密」は、万人《ばんにん》に実現が可能なのです。

それでは、師である仏が入滅《にゅうめつ》した後は、どうすればよいのか。身《み》をもって教える人がいない時代は、本当の意味《いみ》で、仏法を伝《つた》えることはできないということなのか。――この問題に正面《しょうめん》から答えた経典《きょうてん》が法華経です。

法華経は、釈尊《しゃくそん》という仏《ほとけ》の人格《じんかく》の核心《かくしん》が「仏の誓願《せいがん》」にほかならないことを教《おし》えた経典です。

仏の誓願は、「我《われ》は本誓願《もとせいがん》を立《た》てて　一切《いっさい》の衆《しゅ》をして　我《わ》が如《ごと》く等《ひと》しくして異《こと》なること無《な》からしめんと欲《ほっ》しき」（法華経一三〇ページ）と説《と》かれます。いわゆる「如我等無異《にょがとうむい》」です。

迹門《しゃくもん》において、声聞《しょうもん》たちは、本来《ほんらい》、自分たちも仏と同じ大願《だいがん》に生きていたことに目覚《めざ》めていきます。これは釈尊と声聞たちが、不二《ふに》の本願《ほんがん》に立っていることを教えています。

そして、本門《ほんもん》において、この誓願のもと、久遠《くおん》の成道《じょうどう》以来、娑婆世界《しゃばせかい》にあって一切衆生《いっさいしゅじょう》を説法教化《せっぽうきょうけ》し続けている真《しん》の仏の姿《すがた》が説き明《あ》かされます。すなわち、寿量品《じゅりょうほん》に説かれる「久遠実成《じつじょう》の仏」です。

さらに、この誓願を受《う》け継《つ》ぎ、仏の滅後《めつご》に仏と同じ民衆救済《みんしゅうきゅうさい》の実践《じっせん》に献身《けんしん》する「師弟《してい》不二の菩薩《ぼさつ》」こそ、地涌《じゆ》の菩薩です。

法華経はまさに一貫《いっかん》して「師弟不二」を教えている経典なのです。

仏教の歴史《れきし》をひもといても、この「師弟不二《していふに》」を見失《みうしな》ったところから、釈尊《しゃくそん》の神格化《しんかくか》が始まりました。久遠実成《くおんじつじょう》の釈尊が人間から離《はな》れて超越的《ちょうえつてき》な仏《ほとけ》になってしまえば、師弟は成《な》り立《た》ちません。師弟がなければ、一切衆生《いっさいしゅじょう》にとって、仏とは崇《あが》め奉《たてまつ》るだけの存在となってしまい、自分自身の人間革命《かくめい》の規範《きはん》とはなりません。

法華経は、仏の人格《じんかく》の核心《かくしん》を「誓願《せいがん》」と明《あ》かし、その「誓願」を継承《けいしょう》する不二の弟子《でし》に「法」が伝《つた》わることを明かした経典《きょうてん》です。このことによって、仏の滅後《めつご》においても、仏の境涯《きょうがい》を衆生に伝えることが可能《かのう》となったのです。

なかんずく、「広宣流布《こうせんるふ》」という大誓願には、不惜身命《ふしゃくしんみょう》の実践《じっせん》が不可欠《ふかけつ》です。法華経寿《じゅ》量品《りょうほん》には、「一心欲見仏《いっしんよくけんぶつ》　不《ふ》自惜《じしゃく》身命」（法華経四九〇㌻）と説《と》かれ、仏の滅後であっても、不惜身命の実践のあるところ、釈尊が出現《しゅつげん》すると説きます。

このように、広布《こうふ》大願《だいがん》と不惜身命という仏の人格の核心を実践する人には、仏の滅後であっても、仏の境涯が伝わっていくのです。

日蓮大聖人は、唱題《しょうだい》という仏界涌現《ぶっかいゆげん》の方途《ほうと》を示《しめ》され、「広布大願」「不惜身命」という悪《あく》世末法《せまっぽう》における信心の鍵《かぎ》を明かされました。これによって「成仏《じょうぶつ》の血脈《けつみゃく》」が成り立ちます。その一切《いっさい》の根本《こんぽん》の力《ちから》が「師弟《してい》」なのです。

大聖人の不二《ふに》の弟子《でし》・日興上人《にっこうしょうにん》は、こう言われております。

「この大聖人の法門《ほうもん》は、師弟の道を正《ただ》して、仏《ほとけ》になるのである。師弟の道を誤《あやま》ってしまえば、同じく法華経を持《たも》ちまいらせていても、無間地獄《むけんじごく》に堕《お》ちてしまうのである」〈注6〉

そして、現代において、この仏の誓願《せいがん》である「広宣流布《こうせんるふ》の大願《だいがん》」に目覚《めざ》め、「不惜身命《ふしゃくしんみょう》の行動」を貫《つらぬ》き通《とお》してきたのが、創価学会の三代の師弟です。

私は、牧口先生、そして戸田先生の弟子として、三類《さんるい》の強敵《ごうてき》〈注7〉との大闘争《だいとうそう》に勝ちました。「断《だん》じて弟子が勝つ」という歴史《れきし》を築《きず》きました。戸田先生に、「万事《ばんじ》、勝利しました」と、堂々《どうどう》と報告《ほうこく》ができます。何の悔《く》いもありません。

牧口先生と戸田先生。戸田先生と私。創価学会は、仏法の真髄《しんずい》である師弟不二を三代にわたって築き上げてきました。創価の師弟の勝利があったからこそ、法華経に説《と》かれ、大聖人が御遺命《ごゆいめい》された「一閻浮提《いちえんぶだい》広宣流布」、すなわち世界広宣流布を現実に開《ひら》いていくことができたのです。

「師弟相違《そうい》せばなに事《ごと》も成《なす》べからず」（全九〇〇ジペー・新一二一一ジペー）。師弟が合致《がっち》すれば一切《いっさい》の大願を成就《じょうじゅ》することができる。「師弟《してい》」とは最強無敵《さいきょうむてき》の勝利の力《ちから》なのです。

注

〈注1〉法華経薬王菩薩本事品《やくおうぼさつほんじほん》第二十三には、「我滅度《われめつど》して後《のち》、後の五百歳《ごひやくさい》の中《うち》、閻浮提《えんぶだい》に広宣流布《こうせんるふ》して、断絶《だんぜつ》して悪魔《あくま》・魔民《まみん》・諸天《しょてん》・竜《りゅう》・夜叉《やしゃ》・鳩槃荼《くはんだ》等に其《そ》の便《たより》を得《え》しむること無《な》かれ」（法華経六〇一ジペー）と説《と》かれている。

〈注2〉「当世《とうせい》の天台宗《てんだいしゅう》の学者は天台の石塔《せきとう》の血脈《けつみやく》を秘《ひ》し失《うしな》う故《ゆえ》に天台の血脈相承《そうじょう》の秘法《ひほう》を習《なら》い失いて我《われ》と一心三観《いっしんさんがん》の血脈とて我意《がい》に任《まか》せて書を造《つく》り錦《にしき》の袋《ふくろ》に入れて頸《くび》に懸《か》け箱《はこ》の底《そこ》に埋《うず》めて高直《こうじき》に売る故に邪義《じゃぎ》国中に流布《るふ》して天台の仏法破失《はしつ》するなり、天台の本意《ほんい》を失い釈尊《しゃくそん》の妙法を下《くだ》す」（全五三二ジペー・新六四九ジペー）

〈注3〉**【阿仏房《あぶつぼう》・千日尼《せんにちあま》】**日蓮大聖人御在世《ございせ》当時の佐渡在住《さどざいじゅう》の門下《もんか》。大聖人が佐渡流罪《るざい》の時に夫婦《ふうふ》して帰依《きえ》し、すでに高齢《こうれい》であったが、佐渡での厳《きび》しい生活を献身的《けんしんてき》に支《ささ》えた。赦免後《しゃめんご》、夫《おっと》の阿仏房は身延《みのぶ》に入られた大聖人をたびたびお訪《たず》ねし、夫妻《ふさい》ともに生涯《しょうがい》、大聖人に対する純真《じゅんしん》な信心を貫《つらぬ》いた。

〈注4〉「地頭《じとう》・地頭・念仏者《ねんぶつしゃ》・念仏者等・日蓮が庵室《あんしつ》に昼夜《ちゆうや》に立ちそいてかよう《通》人もあるを・まどわさんと・せめし」（全一三一三ページ・新一七四一ページ）、「或《あるい》は所をい或はくわれう《科料》をひき或は宅《いえ》を・とられなんどせし」（全一三一四ページ・新同ページ）。

〈注5〉【九識心王真如《くしきしんのうしんにょ》の都《みやこ》】仏界《ぶつかい》が涌現《ゆげん》した生命状態《じようたい》を表《あらわ》す言葉。九識とは生命の働《はたら》きを九つに分けた中で最《もつと》も根源的《こんげんてき》な第九識をいう。心王とは、生命の働きの中心的なもので、心所《しんしよ》・心数《しんじゆ》に対する語。真如とは、仏《ほとけ》の悟《さと》った真実《しんじつ》・真理《しんり》。九識は生命の中心的な働きであるので心王といい、常住不変《じようじゆうふへん》の真理である真如と一体《いつたい》であるゆえに心王真如という。これらはすべて生命に本《ほん》来的《らいてき》に内在《ないざい》する仏界を表す。都とは、心王のありかを王の住む都城《とじよう》に譬《たと》えていったもの。

〈注6〉「このほうもん《此法門》は、しでし《師弟子》をただして、ほとけ《仏》になり《成》候《そうろう》、しでし《師弟子》だにも、ちがい《違》候《そうら》へば、おなじ《同》ほくえ《法華》を、たもち《持》、まいらせ《進》て、候へども・むけんぢごく《無間地獄》におち《堕》候なり」

〈注7〉【三類《さんるい》の強敵《ごうてき》】法華経勧持品《かんじほん》の二十行の偈《げ》（法華経四一七ページ）では、滅後《めつご》悪世《あくせ》で法華経を弘通《ぐつう》する人を迫害《はくがい》する者が示《しめ》されるが、それを妙楽大師《みようらくだいし》が『法華文句記《ほつけもんぐき》』で俗衆増上慢《ぞくしゆぞうじようまん》（在家《ざいけ》の迫害者）、道門《どうもん》増上慢（出家《しゆつけ》の迫害者）、僭聖《せんしよう》増上慢（聖人《せいじん》ぶって人々からの尊敬《そんけい》をうけながら迫害する者）の三種類に分類《ぶんるい》したもの。

第10回 本化地涌《ほんげじゆ》の利益《りやく》

――生命本有《ほんぬ》の妙法の力《ちから》で万人《ばんにん》を救《すく》う真《しん》の菩薩行《ぼさつぎょう》

御文

殊《こと》に生死一大事《しょうじいちだいじ》の血脈相承《けつみやくそうじよう》の御尋《おんたず》ね先代未聞《せんだいみもん》の事《こと》なり貴貴《とうとしとうとし》、此《こ》の文《ふみ》に委悉《いしつ》なり能《よ》く能く心得《こころえ》させ給《たま》へ、只《ただ》南無妙法蓮華経釈迦《しやか》多宝上行《たほうじようぎよう》菩薩血脈相承と修行《しゆぎよう》し給へ、火は焼照《やきてらす》を以《もつ》て行《ぎよう》と為《な》し・水は垢穢《くえ》を浄《きよむ》るを以て行と為し・風は塵埃《じんあい》を払《はら》ふを以て行と為し・又人畜草木《またじんちくそうもく》の為《ため》に魂《たましい》となるを以て行と為し・大地は草木を生《しよう》ずるを以て行と為し・天《てん》は潤《うるお》すを以て行と為す・妙法蓮華経の五字も又是《か》くの如《ごと》し・本化地涌の利益是《これ》なり、上行菩薩《じょうぎょうぼさつ》・末法《まっぽう》今の時此《こ》の法門《ほうもん》を弘《ひろ》めんが為《ため》に御出現《ごしゅつげん》之れ有《あ》るべき由《よし》・経文《きょうもん》には見え候《そうら》へども如何《いかん》が候《そうろう》やらん、上行菩薩出現すとやせん・出現せずとやせん、日蓮先《ま》ず粗《ほぼ》弘め候なり（全一三三八ジペー・新一七七六ジペー）

通解

ことに生死一大事《しょうじいちだいじ》の血脈相承《けつみゃくそうじょう》についてのお尋《たず》ねは、先代未聞《せんだいみもん》のことであり、まことに貴《とうと》いことである。この手紙に委《くわ》しく記《しる》しました。よくよく心得《こころえ》ていきなさい。ただ、釈迦《しゃか》・多宝《たほう》から上行菩薩に血脈相承された南無妙法蓮華経であると理解《りかい》して修行《しゅぎょう》していきなさい。

火は物を焼《や》き、かつ周囲《しゅうい》を照《て》らすことをもってその行《ぎょう》（働《はたら》き）とし、水は垢《あか》や穢《けが》れを清《きよ》めることをもってその行とし、風は塵《ちり》や埃《ほこり》を払《はら》うことをもってその行とし、また人や動物や草木《そうもく》の魂《たましい》となることをもって行とし、大地は草木を生《しょう》ずることをもって行とし、天《てん》は万物《ばんぶつ》を潤《うるお》すことをもって行とする。

妙法蓮華経の五字もまた同じである。本化《ほんげ》地涌《じゆ》の菩薩が人々に与《あた》える利益《りやく》とは、これである。上行菩薩が末法の今の時に、この法門を弘めるために御出現されると経文にはうかがえるが、いかがであろうか。

上行菩薩《じょうぎょうぼさつ》は出現《しゅつげん》されているのであろうか、出現されていないのであろうか。日蓮はまず、その上行菩薩が弘《ひろ》めるべき妙法をほぼ弘めているのである。

講義

全人類《ぜんじんるい》を生命の根底《こんてい》から蘇生《そせい》させる――。

全世界を真実《しんじつ》の平和楽土《らくど》へと変革《へんかく》する――。

これが「法華経の根本《こんぽん》目的」です。

そして、この根本目的を我《わ》が誓願《せいがん》として、最後まで戦《たたか》い続ける人が「地涌《じゆ》の菩薩」です。末法濁世《まっぽうじょくせ》の娑婆世界《しゃばせかい》にあって苦悩《くのう》する民衆《みんしゅう》に希望《きぼう》の陽光《ようこう》を注《そそ》ぎ、「生きる力《ちから》」そのものが本人の内側《うちがわ》からわきあがるまで慈愛《じあい》と勇気《ゆうき》のかかわりを続けていく。

その人の生命に具《そな》わる「善《ぜん》の力」をどこまでも信じ抜《ぬ》き、誠実《せいじつ》の対話を貫《つらぬ》いて、仏性《ぶっしょう》を呼《よ》び覚《さ》ます実践《じっせん》を決《けっ》して諦《あきら》めない。

自《みずか》らの生命に妙法の力用《りきゆう》を体現《たいげん》しているがゆえに、民衆《みんしゅう》の大海《たいかい》の中で粘《ねば》り強《づよ》い行動を続け、人格《じんかく》の光《ひかり》を放《はな》って人々の仏性《ぶっしょう》を揺《ゆ》り動《うご》かしていけるのです。そういう真正《しんせい》の実践者《じっせんしゃ》が必《かなら》ず末法《まっぽう》に無数《むすう》に出現《しゅつげん》することを、法華経は断言《だんげん》しています。

人間を内側《うちがわ》から根本的《こんぽんてき》に救《すく》う「生命の達人《たつじん》」こそ、地涌《じゆ》の菩薩《ぼさつ》なのです。

その智慧《ちえ》と行動は、自他《じた》の仏性を信じる深《ふか》い信念《しんねん》と哲学《てつがく》によって支《ささ》えられています。その信念と哲学によって我執《がしゅう》も宿命《しゅくめい》も打《う》ち破《やぶ》り、宇宙本有《うちゅうほんぬ》の慈悲《じひ》の力《ちから》を我《わ》が生命に満々《まんまん》と湛《たた》えることができます。それが、地涌の菩薩における、人の心を打ってやまない輝《かがや》かしい人格力と、倦《う》むことなき民衆救済《きゅうさい》の行動力の源泉《げんせん》なのです。

全人類《ぜんじんるい》の成仏《じょうぶつ》の実現――。これこそが生死一大事《しょうじいちだいじ》の血脈《けつみゃく》の本義《ほんぎ》です。この一点を外《はず》して、いかに法華経を読んでも、それは成仏の血脈を自ら閉《と》ざすことに等《ひと》しい。万人《ばんにん》を仏《ほとけ》にする主人公《しゅじんこう》こそが地涌の菩薩です。ゆえに「我《われ》、地涌の菩薩なり」と自覚《じかく》して、その使命《しめい》の遂行《すいこう》に師《し》と共に立ち上がらなければ、本当に法華経を身読《しんどく》したことにはなりません。

「生死一大事血脈」の画竜点睛《がりょうてんせい》は、上行菩薩《じょうぎょう》を上首《じょうしゅ》とする地涌の菩薩における師弟《してい》の実践にあります。今回および次回は、その深義《じんぎ》について述《の》べられた御文《ごもん》を拝察《はいさつ》していきます。

「実践《じっせん》」こそ仏法の生命線

仏法はどこまでも師弟《してい》の実践の中にあります。

法華経には多くの菩薩《ぼさつ》が登場します。しかし、永遠《えいえん》の仏《ほとけ》として説《と》かれる本門《ほんもん》の釈尊《しゃくそん》の真《しん》実《じつ》の弟子《でし》は、地涌《じゆ》の菩薩しかいません。その上首《じょうしゅ》（最高リーダー）が上行《じょうぎょう》菩薩です。法華経は、釈尊から上行菩薩へ、すなわち、久遠《くおん》の境地《きょうち》を明《あ》かした師匠《ししょう》から本門の弟子への付嘱《ふぞく》の経典《きょうてん》です。

大聖人は、最蓮房《さいれんぼう》の求道心を「殊《こと》に生死一大事《しょうじいちだいじ》の血脈相承《けつみゃくそうじょう》の御尋《おんたず》ね先代未聞《せんだいみもん》の事《こと》なり貴《とうとし》　貴《とうとし》」と讃《たた》えられた後、「只《ただ》南無妙法蓮華経釈迦多宝《しゃかたほう》上行菩薩血脈相承と修行《しゅぎょう》し給《たま》へ」と述《の》べられ、南無妙法蓮華経の修行を勧《すす》められている。

この一節《いっせつ》は、「生死一大事血脈とは何か」という最蓮房の問いに対する大聖人のお答えの「結論《けつろん》」を、実践の観点《かんてん》から明快《めいかい》に示《しめ》されているのです。

すなわち釈迦・多宝の二仏《にぶつ》から付嘱を受けた上行菩薩が弘《ひろ》めるままに南無妙法蓮華経を

修行《しゅぎょう》することが、生死一大事血脈《しょうじいちだいじけつみゃく》を受《う》け継《つ》ぐ要諦《ようてい》であることを明《あ》かされています。

南無妙法蓮華経の修行といっても、上行菩薩《じょうぎょうぼさつ》が末法《まっぽう》に出現《しゅつげん》して実践《じっせん》する通りの「師弟不二《していふに》の修行」、そして、上行菩薩が説《と》くままの「如説《にょせつ》修行」でなければならない、と勧《すす》められているのです。

そして、上行菩薩と師弟不二の修行をすることによって現《あらわ》れる南無妙法蓮華経の力用《りきゆう》を、地《ち》・水《すい》・火《か》・風《ふう》・空《くう》の五大《ごだい》〈注1〉の力用によせて明かされていきます。

ここで示《しめ》されている五大の力用は、五大で形成《けいせい》される宇宙《うちゅう》に本来具《ほんらいそな》わる慈悲《じひ》の力《ちから》を表《あらわ》しているのです。この五大の力用は「妙法蓮華経」の力用であり、「本化地涌《ほんげじゆ》の利益《りやく》」であると仰《おお》せです。つまり、本化地涌の菩薩は、生命本有《ほんぬ》の妙用《みょうゆう》をもって妙法蓮華経を弘《ひろ》め、衆生《しゅじょう》を利益するのです。

そして、以上のような南無妙法蓮華経の修行と力用を最初にあらわし、実践する上行菩薩とは、日蓮大聖人御自身《ごじしん》にほかならないことを示されていきます。

それはすなわち、南無妙法蓮華経を大聖人と同じ心で、また、大聖人が説かれる如《ごと》く実践していきなさいとの仰せです。

実践《じっせん》は仏法の生命線です。実践なき宗教は、観念《かんねん》の遊戯《ゆうぎ》となります。血脈相承《けつみゃくそうじょう》といっても、詮《せん》ずるところ、上行付嘱《じょうぎょうふぞく》の法である南無妙法蓮華経を「如説修行《にょせつしゅぎょう》」することが不可欠《ふかけつ》であることを教《おし》えられているのです。

如説修行なき血脈相承などは絶対《ぜったい》にありえません。この一点でも、神秘的《しんぴてき》な血脈相承を説《と》き、民衆《みんしゅう》をそのもとに従属《じゅうぞく》させていくような邪宗門《じゃしゅうもん》が、いかに日蓮大聖人の仏法に背《そむ》いているかは明白《めいはく》です。

五大《ごだい》の力用《りきゆう》によって地涌《じゆ》の利益《りやく》を示《しめ》す

南無妙法蓮華経の如説修行とはいかなるものか。それを明《あき》らかにするために、ここで大聖人は、地水火風空《ちすいかふうくう》の五大の働《はたら》きを示されています。

「火は焼照《やきてらす》を以《もつ》て行《ぎょう》と為《な》し」――「火」は、物を焼《や》き、光明《こうみょう》となって万物《ばんぶつ》を照《て》らします。

「水は垢穢《くえ》を浄《きよむ》るを以て行と為し」――「水」は、物を浄化《じょうか》する働きを持つ。

「風は塵埃《じんあい》を払《はら》ふを以て行と為し・又人畜草木《またじんちくそうもく》の為《ため》に魂《たましい》となるを以て行と為し」――

「風」は塵《ちり》を払《はら》う。そして「人畜草木《じんちくそうもく》の為《ため》に魂《たましい》となる」とありますが、これは、古来《こらい》、風が万物《ばんぶつ》に生気《せいき》を吹《ふ》き込《こ》むと考えられていたことから付《つ》け加《くわ》えられたと考えられます。

「大地は草木を生《しょう》ずるを以《もっ》て行《ぎょう》と為《な》し」――「大地」には草木が生《お》い茂《しげ》ります。これは生命を育《はぐく》む働《はたら》きがあるということです。

そして「天《てん》は潤《うるお》すを以て行と為す」――「天空《てんくう》」は、雨《あめ》を降《ふ》らして万物《ばんぶつ》を潤します。

最後の「天」は地水火風空《ちすいかふうくう》の五大《ごだい》のうちの「空」に配《はい》することができます。したがって、ここで大聖人は、宇宙《うちゅう》を構成《こうせい》する要素《ようそ》である五大の力用《りきゆう》という、大自然《だいしぜん》の本然的《ほんねんてき》働きを取り上げられていると拝察《はいさつ》されます。

そして、ここに示《しめ》されている五大の働きは、すべて「何かのために役立《やくだ》つ」という価値《かち》創造《そうぞう》の働きです。大聖人は、五大のそれぞれの本有《ほんぬ》の価値創造の働きを示されたうえで、「妙法蓮華経の五字も又是《またか》くの如《ごと》し・本化《ほんげ》地涌《じゆ》の利益是《りやくこれ》なり」と仰《おお》せです。

「地水火風空の五大」の力用は、そのまま「妙法蓮華経の五字」の力用であり、さらには、「地涌の菩薩《ぼさつ》の利益」であると明言《めいげん》されています。いわば、宇宙それ自体《じたい》がもっている慈悲《じひ》の働きこそが、妙法蓮華経の働きの本質《ほんしつ》であり、地涌の菩薩は妙法の本有の力用をもって衆生《しゅじょう》を利益《りやく》する菩薩《ぼさつ》なのです。生命に本来具《ほんらいそな》わる慈悲《じひ》の働《はたら》きを人格《じんかく》・行動のうえに具体的《ぐたいてき》に現《あらわ》すのが、地涌《じゆ》の菩薩の利益の本質《ほんしつ》であるとの仰《おお》せと拝《はい》することができます。

また、「御義口伝《おんぎくでん》」では、地水火風《ちすいかふう》の四大《しだい》の力用《りきゆう》を示《しめ》されたうえで、それが地涌の菩薩の導師《どうし》である四菩薩の利益であると仰せです（全七五一ジペー・新一〇四六ジペー）〈注2〉。この「御義口伝」の仰せと日寛上人《にちかんしょうにん》の指南《しなん》〈注3〉などに基《もと》づき、四菩薩の力用を地水火風に当《あ》てはめると、「上行《じょうぎょう》＝火大《かだい》」「浄行《じょうぎょう》＝水大《すいだい》」「無辺行《むへんぎょう》＝風大《ふうだい》」「安立行《あんりゅうぎょう》＝地大《ちだい》」となるでしょう。この「四菩薩の力用」は即《すなわ》ち「妙法蓮華経の力用」です。

妙法の力《ちから》には、衆生を苦《くる》しめてきた煩悩《ぼんのう》を焼《や》く力があります。また、衆生の無明《むみょう》の闇《やみ》を照《て》らし、宿命《しゅくめい》の雲《くも》を晴《は》らす力があります。この面を象徴《しょうちょう》するのが上行菩薩です。

また、妙法には、現実の汚濁《おだく》に染《そ》まらず、仏《ほとけ》の清浄《せいじょう》な生命を涌現《ゆげん》させる力用がありま す。これが浄行菩薩です。

さらに、いかなる迷《まよ》いや悩《なや》みをも吹《ふ》き払《はら》い、何があっても行き詰《づ》まらない晴《は》れ晴《ば》れとした自在《じざい》の境地《きょうち》を確立《かくりつ》させる力用が無辺行菩薩です。

そして、煩悩の苦しみや生死《しょうじ》の迷いを払拭《ふっしょく》し、何ごとにも紛動《ふんどう》されることがなく、豊《ゆた》かな生命力で一切《いっさい》を育《はぐく》んでいく力《ちから》が安立行菩薩《あんりゅうぎょうぼさつ》です。

ゆえに大聖人は「御義口伝《おんぎくでん》」において、道暹《どうせん》の「輔正記《ふしょうき》」の文《もん》〈注4〉を引かれて、四菩薩に「常楽我浄《じょうらくがじょう》」の四徳《しとく》を配《はい》されています。すなわち四菩薩の行《ぎょう》は、「生老病死《しょうろうびょうし》」の四苦《く》を超《こ》えて「常楽我浄」の四徳を開《ひら》きあらわす地涌《じゆ》の菩薩の実践《じっせん》を表《あらわ》していると拝《はい》することができます。

また「御義口伝」では、同じく「輔正記」を引かれて、四菩薩の名が生死即涅槃《しょうじそくねはん》・煩悩《ぼんのう》即菩提《そくぼだい》〈注5〉の境地《きょうち》を表すことを示唆《しさ》されています。生死一大事血脈《いちだいじけつみゃく》を考察《こうさつ》されているのが本抄ですから、その参考《さんこう》として四菩薩と生死の関係を示《しめ》す「輔正記」の文を考察しておきたいと思います。

「有《あ》る時には一人に此《こ》の四義《しぎ》を具《ぐ》す二死《にし》の表《おもて》に出《い》づるを上行《じょうぎょう》と名け断常《だんじょう》の際《きわ》を踰《こ》ゆるを無辺行《むへんぎょう》と称《しょう》し五住《ごじゅう》の垢累《くるい》を超《こ》ゆる故《ゆえ》に浄行《じょうぎょう》と名け道樹《どうじゅ》にして徳円《とくまど》かなり故に安立行と曰《い》うなり」（全七五一㌻・新一〇四六㌻）

「二死」とは、六道《ろくどう》の衆生《しゅじょう》の分段《ぶんだん》の生死〈注6〉と、菩薩・二乗《にじょう》の変易《へんにゃく》の生死〈注7〉です。

「二死の表に出づる」とは、この二種の生死を超えることで、すでに論《ろん》じた仏界《ぶっかい》の生死を繰《く》り返《かえ》すことであると言えます。言《い》い換《か》えれば、永遠《えいえん》の生命を実感《じっかん》しながら生死《しょうじ》を繰り返す「生《せい》も歓喜《かんき》、死《し》も歓喜」の境涯《きょうがい》です。地涌《じゆ》の菩薩《ぼさつ》は、永遠の妙法に生きるがゆえに、この真《しん》に主体的《しゅたいてき》な境涯にあることができるのです。

また「断常《だんじょう》の際《きわ》を踰《こ》ゆる」とは、断見《だんけん》と常見《じょうけん》という誤《あやま》った生死観を乗《の》り越《こ》えて、生死の恐《おそ》れや執着《しゅうちゃく》から自由《じゆう》になった自在《じざい》な境涯です。そして「五住《ごじゅう》の垢累《くるい》〈注8〉を超《こ》ゆる」とは、三界《さんがい》の衆生《しゅじょう》を生死に執着させる五つの煩悩《ぼんのう》から自由になることであり、「道樹《どうじゅ》〈注9〉にして徳円《とくまど》かなり」とは仏《ほとけ》の悟《さと》りの円満《えんまん》な境地《きょうち》に立脚《りっきゃく》することです。

要《よう》するに、これらは、煩悩即菩提《そくぼだい》・生死即涅槃《ねはん》という衆生自身における生命の変革《へんかく》の働《はたら》きを表《あらわ》しています。まさに上行《じょうぎょう》などの四菩薩の名にある「行《ぎょう》」の文字は、生命変革の修行《しゅぎょう》を表しているのです。

「菩薩仏《ぶつ》」の境涯

本抄では、五大《ごだい》の力用《りきゆう》をもって地涌の菩薩が説《と》き弘《ひろ》める妙法蓮華経の功徳《くどく》が明《あ》かされました。そして、これを「本化地涌の利益《ほんげじゆりやく》」と仰《おお》せです。

「本化」とは、法華経如来寿量品《にょらいじゅりょうほん》に明《あ》かされた久遠《くおん》の本仏《ほんぶつ》に化導《けどう》された弟子《でし》という意味《いみ》です。地涌の菩薩《ぼさつ》は久遠の本仏と一体《いったい》の永遠《えいえん》の妙法を内証《ないしょう》として所持《しょじ》しているがゆえに、仏《ほとけ》が入滅《にゅうめつ》した後の悪世《あくせ》においても一人《ひとり》立って妙法を弘《ひろ》めることができるのです。

地涌の菩薩は、大地の下方《かほう》の真理《しんり》の世界から涌現《ゆげん》した菩薩であると法華経に説《と》かれます〈注10〉。この真理の世界を天台大師《てんだいだいし》は「法性《ほっしょう》の淵底《えんでい》・玄宗《げんしゅう》の極地《ごくじ》」〈注11〉と説きました。地涌の菩薩が究極《きゅうきょく》の真理を悟《さと》っていることを示《しめ》す言葉です。その実践《じっせん》は、あくまでも菩薩行《ぎょう》、すなわち悪世において広宣流布《こうせんるふ》を目指《めざ》して、自他《じた》の変革《へんかく》のために戦《たたか》っていくことです。その内証が、すでに妙法を悟った仏界《ぶっかい》の生命なのです。

これが「菩薩仏《ぶつ》」です。この境涯《きょうがい》を万人《ばんにん》に可能《かのう》ならしめるために、大聖人は南無妙法蓮華経をあらわし、弘められたのです。南無妙法蓮華経を深《ふか》く信じ、如説修行《にょせつしゅぎょう》することによって、いかなる人も「菩薩仏」の境地《きょうち》に立つことができるのです。

大聖人は仰せです。

「されば地涌の菩薩を本化と云《い》えり本とは過去久遠五百塵点《かこくおんごひゃくじんてん》よりの利益として無始無終《むしむしゅう》

の利益《りやく》なり、此《こ》の菩薩《ぼさつ》は本法所持《ほんぽうしょじ》の人なり本法とは南無妙法蓮華経なり」（全七五一ジペー・新一〇四七ジペー）

ここに「本法所持」とあります。南無妙法蓮華経を修行《しゅぎょう》する地涌《じゆ》の菩薩は、すでに妙法を所持しているのです。であるがゆえに、一人《ひとり》から一人へ、生命から生命へという妙法の弘通《ぐつう》が可能《かのう》なのです。どんな宿命《しゅくめい》にあえいでいる人に対しても、〝自分自身の中に、宿命を打開《だかい》する力《ちから》が本来《ほんらい》ある〟と目覚《めざ》めさせていってこそ、本当の意味《いみ》で、その人を救《すく》う力となります。本法所持の地涌の菩薩でなければ、この力はありません。

末法《まっぽう》の救済《きゅうさい》は、「上」から、すなわち天空《てんくう》から降《お》り立《た》ってきた超越仏《ちょうえつぶつ》による恩寵《おんちょう》では不《ふ》可能《かのう》です。「下」から、すなわち大地の底《そこ》の真理《しんり》の世界から涌現《ゆげん》してきた地涌の菩薩を目《ま》の当《あ》たりにしてこそ、人々は自身に内在《ないざい》する無量《むりょう》の力を知ることができるのです。

世界に地涌の陣列《じんれつ》が

この菩薩行《ぎょう》を現代に蘇《よみがえ》らせたのが、創価学会の実践《じっせん》です。

牧口先生は、次のように語《かた》っています。

「信者《しんじゃ》と行者《ぎょうじゃ》と区別《くべつ》しなければならない。信ずるだけでも御願《おねが》いをすれば御利益《ごりやく》はあるに相違《そうい》ないが、ただそれだけでは菩薩行《ぼさつぎょう》にはならない。自分ばかり御利益を得《え》て、他人に施《ほどこ》さぬような個人主義（＝利己《りこ》主義）の仏《ほとけ》はないはずである。菩薩行をせねば仏にはなられぬのである」（創価教育学会第五回総会での講演。前掲『牧口常三郎全集』第10巻）

牧口先生は、日蓮大聖人の仏法の本義《ほんぎ》が菩薩行であることを見いだし、御自身《ごじしん》が身《み》をもって体現《たいげん》なされました。当時の宗門には菩薩行はなかった。仏法の力《ちから》は、現実に生きる人間の姿《すがた》を通した「現証《げんしょう》」によってしか証明《しょうめい》することはできない、というのが牧口先生の卓見《たっけん》です。

仏が色相荘厳《しきそうしょうごん》の力で民衆《みんしゅう》を救《すく》うのではなく、民衆自身が菩薩行を実践《じっせん》することによって、自身の「内《うち》なる力」を存分《ぞんぶん》に発揮《はっき》していく。その姿を見て、人々が自身の「内なる力」に目覚《めざ》めていく。これが宗教の救済《きゅうさい》の本質《ほんしつ》であると鋭《するど》く見抜《みぬ》かれていた。

そして、牧口先生の不二《ふに》の弟子《でし》・戸田先生は、師匠《ししょう》と共に入られた獄中《ごくちゅう》で「我《われ》、地涌《じゆ》の菩薩なり」と悟達《ごだつ》されました。そして、戸田先生が呼び覚《さ》ました七十五万の地涌の勇者《ゆうしゃ》が、創価学会の礎《いしずえ》を築《きず》いたのです。

まさに、「地涌《じゆ》の菩薩《ぼさつ》の出現《しゅつげん》に非《あら》ずんば唱《とな》へがたき題目《だいもく》なり」（全一三六〇ページ・新一七九一ページ）の実践《じっせん》を貫《つらぬ》いてきた教団《きょうだん》は唯一《ゆいいつ》、創価学会だけです。

そして、今、広宣流布《こうせんるふ》の実現のために、世界一九〇カ国・地域（二〇〇八年四月に世界一九二カ国・地域に拡大）で、地涌千界《せんがい》の勇者《ゆうしゃ》が法性《ほっしょう》の大地より涌出《ゆじゅつ》しました。法華経に説《と》かれている地涌出現の儀式《ぎしき》を世界で再演《さいえん》したのは、創価学会・ＳＧＩしかありません。

地涌の菩薩には、国境《こっきょう》、文化、民族《みんぞく》の壁《かべ》はありません。現に、地涌の連帯《れんたい》は今や、世界中に思想《しそう》・信条《しんじょう》、宗教の壁を超《こ》えて深《ふか》き理解《りかい》と共鳴《きょうめい》を広げています。

万人《ばんにん》は皆《みな》、平等《びょうどう》であり、誰人《たれびと》も尊貴《そんき》な存在である。人間は「内《うち》なる力《ちから》」に目覚《めざ》めれば、世界を変革《へんかく》することができる。

目覚めた民衆《みんしゅう》の連帯が、人々を救《すく》い、世界を救う。この地涌のアイデンティティーを世界が賞讃《しょうさん》する時代が到来《とうらい》しました。日蓮大聖人の民衆仏法が待望《たいぼう》される時が来ました。

私たち創価の師弟《してい》が、地涌の菩薩の本領《ほんりょう》である民衆の底力《そこぢから》を、いよいよ満天下《まんてんか》に発揮《はっき》する時は今です。

注

〈注1〉**【地《ち》・水《すい》・火《か》・風《ふう》・空《くう》の五大《ごだい》】**古代《こだい》インドの思想《しそう》で、宇宙《うちゅう》の万物《ばんぶつ》を構成《こうせい》するとされた五つの元素《げんそ》。

〈注2〉「火は物を焼《や》くを以《もっ》て行《ぎょう》とし水は物を浄《きよ》むるを以て行とし風は塵垢《じんく》を払《はら》うを以て行とし大地は草木を長《ちょう》ずるを以て行とするなり四菩薩《しぼさつ》の利益《りやく》是《これ》なり」

〈注3〉「火はこれ空に上《のぼ》る、故《ゆえ》に上行《じょうぎょう》は火大《かだい》なり。風は辺際無《へんさいな》し、故に無辺行《むへんぎょう》は風大《ふうだい》なり。水はこれ清浄《しょうじょう》なり、故に浄行《じょうぎょう》は水大《すいだい》なり。地はこれ万物《ばんぶつ》を安立《あんりゅう》す、故に安立行《あんりゅうぎょう》は地大《ちだい》なり」（『日寛上人文段集』）

〈注4〉「経《きょう》に四導師《しどうし》有《あ》りとは今四徳《しとく》を表《あらわ》す上行《じょうぎょう》は我《が》を表し無辺行《むへんぎょう》は常《じょう》を表し浄行《じょうぎょう》は浄を表し安立行《あんりゅうぎょう》は楽《らく》を表す」（全七五一ページ・新一〇四六ページ）

〈注5〉**【生死即涅槃《しょうじそくねはん》・煩悩即菩提《ぼんのうそくぼだい》】**生死即涅槃とは、生死の苦《くる》しみに苛《さいな》まれる衆生《しゅじょう》の身《み》に、仏《ほとけ》が成就《じょうじゅ》した真《しん》の安楽《あんらく》の境地《きょうち》（涅槃）が顕現《けんげん》すること。煩悩即菩提とは、煩悩に支配《しはい》されている衆生の生命に成仏《じょうぶつ》のための覚《さと》りの智慧《ちえ》（菩提）が現《あらわ》れること。

〈注6〉【分段《ぶんだん》の生死《しようじ》】凡夫《ぼんぷ》の苦《くる》しみと迷《まよ》いに満《み》ちた生死のこと。六道《ろくどう》に輪廻《りんね》する凡身《ぼんしん》の寿命《じゆみよう》がおのおのの業因《ごういん》によって分かれ、その形体《けいたい》に段別《だんべつ》があるので分段という。

〈注7〉【変易《へんにやく》の生死《しようじ》】二乗《にじよう》、菩薩《ぼさつ》など部分的な覚《さと》りを得《え》た者の苦《くる》しみ、迷《まよ》いの生死のこと。煩悩《ぼんのう》を断《だん》じて六道《ろくどう》の分段《ぶんだん》の生死を超《こ》え、自在《じざい》に形《かたち》を変えて生死を示《しめ》すことができるものの、部分的な覚りに執《しゆう》するため迷いの境涯《きようがい》に留《とど》まる。

〈注8〉【五住《ごじゆう》の垢累《くるい》】三界六道《さんがいろくどう》の衆生《しゆじよう》に具《そな》わる五種の煩悩《ぼんのう》。欲界《よつかい》・色界《しきかい》・無《む》色界《しきかい》という三界の衆生に本然《ほんねん》に具わっている見惑《けんわく》・思《し》惑《わく》・無明惑《むみようわく》という煩悩を五段階《だんかい》に分けた。

〈注9〉【道樹《どうじゆ》】釈尊《しやくそん》が成道《じようどう》したところに生《は》えていた樹木《じゆもく》のこと、いわゆる菩《ぼ》提樹《だいじゆ》。釈尊が成道した時を指《さ》す。

〈注10〉「是《こ》の諸《もろもろ》の菩薩《ぼさつ》は、身《み》は皆金色《みなこんじき》にして、三十二相《そう》・無量《むりよう》の光明《こうみよう》あり、先《さき》より尽《ことごと》く娑婆《しやば》世界《せかい》の下《した》、此《こ》の界《かい》の虚《こ》空《くう》の中《なか》に在《あ》って住《じゆう》せり」（法華経四五二ジペー）

〈注11〉【法性《ほつしよう》の淵底《えんでい》・玄宗《げんしゆう》の極地《ごくじ》】万物《ばんぶつ》を貫《つらぬ》く真理《しんり》（法性）の根底《こんてい》、奥深《おくぶか》い根本的《こんぽんてき》な教《おし》えの究極《きゆうきよく》。天《てん》台大師《だいだいし》『法華文句《ほつけもんぐ》』巻九上にある。

第11回

上行菩薩《じょうぎょうぼさつ》

――万人《ばんにん》の「内《うち》なる力《ちから》」開《ひら》く民衆《みんしゅう》勝利の究極《きゅうきょく》の先駆者《せんくしゃ》

講義

「歓喜《かんき》の生命」「躍動《やくどう》の生命」なくして、自他《じた》ともの幸福を実現し、善《ぜん》の連帯《れんたい》を築《きず》く戦《たたか》いを成《な》し遂《と》げることはできません。

人間生命を内奥《ないおう》から触発《しょくはつ》できるのは、人間生命しかありません。「内なる変革《へんかく》」を成就《じょうじゅ》した人間の行動のみが、他の人間の生命変革を促《うなが》していけるのです。

宿命《しゅくめい》と我執《がしゅう》によって、凍《い》てついた大地のように閉《と》ざされた末法《まっぽう》の衆生《しゅじょう》の固《かた》い生命の殻《から》を、いかにして打《う》ち破《やぶ》っていくか。そして、いかにして人々の仏性《ぶっしょう》を触発《しょくはつ》し、生命の変革《へんかく》へ大きく目覚《めざ》めさせていくか。この仏法の果《は》てしない実践《じっせん》のためには、まず汝《なんじ》自身が自《みずか》らの変革を貫《つらぬ》き通《とお》していく「戦《たたか》う仏法者」でなければなりません。

その使命《しめい》を担《にな》い立《た》ち、舞《まい》を舞《ま》うように大地を破って躍《おど》り出《で》て来たのが、無量千万億《むりょうせんまんおく》の地《じ》涌《ゆ》の菩薩《ぼさつ》です。そして、そのリーダーが上行菩薩《じょうぎょう》〈注1〉なのです。

釈迦《しゃか》・多宝《たほう》から上行への付嘱《ふぞく》の意義《いぎ》

本抄では、生死一大事血脈《しょうじいちだいじけつみゃく》を受《う》け継《つ》ぐ修行《しゅぎょう》について「只《ただ》南無妙法蓮華経釈迦多宝上行菩薩血脈相承《そうじょう》と修行し給《たま》へ」と明《あ》かされています。法華経の虚空会《こくうえ》における付嘱の儀式《ぎしき》〈注2〉の上から言えば、この御文《ごもん》は「南無妙法蓮華経が釈迦・多宝より上行菩薩に血脈相承された大法《だいほう》であると信じて修行していきなさい」という仰《おお》せであると拝《はい》されます。

この観点《かんてん》から、前回の講義では、上行菩薩を師《し》とする「師弟不二《していふに》の実践」、上行菩薩が説《と》くままの「如説《にょせつ》修行」の大切さを強調《きょうちょう》しました。

大聖人は本抄で「上行菩薩《じょうぎょうぼさつ》が末法《まっぽう》の今の時に、この法門《ほうもん》を弘《ひろ》めるために御出現《ごしゅつげん》されると経文《きょうもん》にはうかがえるが、いかがであろうか。上行菩薩は出現されているのであろうか、出現されていないのであろうか。日蓮はまず、その上行菩薩が弘めるべき妙法をほぼ弘めているのである」と記《しる》されております。この仰《おお》せは、事実の上で、日蓮大聖人こそが末法に出現する上行菩薩にほかならないことを明《あき》らかにされています。

したがって、大聖人がなされる通りに、そして、大聖人が説《と》かれる通りに実践《じっせん》していく師弟不二《していふに》の如説修行《にょせつしゅぎょう》にこそ、「生死一大事血脈《しょうじいちだいじけつみやく》」が通《かよ》うのです。

さて、本抄で釈迦《しやか》・多宝《たほう》から上行に付嘱《ふぞく》された法として南無妙法蓮華経を修行すべきことを結論《けつろん》として強調《きょうちょう》されていることには、さらに甚深《じんじん》の意義《いぎ》を拝《はい》することができます。

それは、この付嘱が、「本果妙《ほんがみよう》の仏《ほとけ》から本因妙《ほんいんみよう》の仏へ」、そして「本果妙の仏法から本因妙の仏法へ」の大転換《だいてんかん》を意味《いみ》しているということです。

すなわち、これは、単なる仏から菩薩への付嘱ではなく、仏法の大転換、そして教主《きょうしゅ》の交代《こうたい》を意味しています。そして、そのように拝したときに、ここで仰せの南無妙法蓮華経の深義《じんぎ》が明らかになるのです。

本果妙《ほんがみょう》の仏《ほとけ》から本因妙《ほんいんみょう》の仏へ

まず「本因」と「本果」の意味《いみ》を簡潔《かんけつ》に述《の》べておきたい。法華経寿量品《じゅりょうほん》では、釈尊《しゃくそん》が久《く》遠《おん》の昔《むかし》に成仏《じょうぶつ》したとされますが、「本因」とは久遠の成仏の原因《げんいん》となった修行《しゅぎょう》、「本果」とは、その結果《けつか》として得《え》られた仏の境涯《きょうがい》を指《さ》します。これが、一往《いちおう》の意味です。

ただし、寿量品では、この久遠実成《じつじょう》の仏があらゆる仏の本地《ほんじ》であり、久遠以来、娑婆世《しゃばせ》界《かい》を含《ふく》むさまざまな国土《こくど》に、仏や菩薩《ぼさつ》となって現《あらわ》れ、衆生《しゅじょう》を教化《きょうけ》し続けてきたと説《と》かれます。したがって、本因・本果とは、あらゆる仏の成仏の根本的《こんぽんてき》な因果を指すことになります。

この意味から、「本果妙」とは、究極的《きゅうきょくてき》な成仏の果《か》を指し示《しめ》す仏や教えをいい、釈尊が説《お》いたとされる教法《きょうほう》はすべて、遠《とお》く至高《しこう》の本果を指し示す本果妙の仏法として位置《いち》づけられます。

「本果妙」の仏や教えは、ある意味で現実の人間を超《こ》えた仏の至高の境涯を指し示すものであり、その境涯《きょうがい》がわからない現実の人間にとっては、結局《けつきょく》、譬喩《ひゆ》としての意味《いみ》しかないことになります。

このような本果《ほんが》を指《さ》し示《しめ》す仏《ほとけ》や教《おし》えの本質《ほんしつ》について、大聖人は「白米一俵御書《はくまいいっぴょうごしょ》」で、「仏の心が澄《す》んでいるのは、澄んだ月のようなものであり、仏の心が清《きよ》らかなのは美しい花のようなものである」という、いわば譬喩のごとき教《おし》えであると、分かりやすく示されています〈注3〉。

これに対して、「本因妙《ほんいんみょう》」は、究極的《きゅうきょくてき》な成仏《じょうぶつ》の原因《げんいん》を説《と》きあらわす仏や教法《きょうほう》を指します。原因は現実の人間の側《がわ》にあるがゆえに、「本因妙」は、現実の人間に即《そく》して究極の成仏の因果《いんが》を説《と》く教えとなります。

まさしく、釈迦《しゃか》・多宝《たほう》から付嘱《ふぞく》を受けた上行菩薩《じょうぎょうぼさつ》は、現実の世界に現実の人間として出現《しゅつげん》する菩薩なのです。

万人《ばんにん》の成仏という法華経の理想《りそう》を実現するためには、現実の人間として、究極の成仏の因果を自《みずか》らの生命において実践《じっせん》し、しかも、その因果を成就《じょうじゅ》して末法《まっぽう》の人々に説き示し、伝《つた》えなければなりません。

この「本因妙《ほんいんみょう》」の仏法では、現実の人間が、そのままで究極《きゅうきょく》の成仏《じょうぶつ》の因果《いんが》を体現《たいげん》していくことが根本条件《こんぽんじょうけん》です。ゆえに、因《いん》と果《か》が一個の人間にともに具《そな》わるのです。したがって、本因妙の仏法では、「因果倶時《ぐじ》の妙法」を説《と》くことになります。

大聖人は「妙覚《みょうかく》の釈尊《しゃくそん》は我等《われら》が血肉《けつにく》なり因果の功徳《くどく》は骨髄《こつずい》に非《あら》ずや」（全二四六ジペー・新一三五ジペー）と言われています。我《わ》が生命の骨髄として成仏の因果の功徳を確立《かくりつ》すれば、我が血肉が妙覚の仏《ほとけ》となって現《あらわ》れるのです。

現実の人間が妙法を体現することを要件《ようけん》とする「本因妙の仏法」においては、仏や教法《きょうほう》のあり方は人間の実践《じっせん》を通して示《しめ》されます。

そのあり方を「白米一俵御書《はくまいいっぴょうごしょ》」では、「月こそ心よ・花こそ心よ」（全一五九七ジペー・新二〇五四ジペー）と表現されています。月や花などの現実の事物《じぶつ》が、そのまま仏の心を体現しているという意味《いみ》です。

このように、上行菩薩《じょうぎょうぼさつ》が、現実世界で妙法を体現して本因妙の仏法を弘《ひろ》める存在であることから考えると、釈迦《しゃか》・多宝《たほう》は「本果妙《ほんがみょう》の仏」、上行菩薩は「本因妙の仏」を意味することになります。

さらにまた、釈迦《しゃか》・多宝《たほう》によって象徴《しょうちょう》される「本果妙《ほんがみょう》の仏法」は、因《いん》の立場にいる現実の人間にとっては、はるか天空《てんくう》の本果を仰《あお》ぎ見《み》るしかない教法《きょうほう》です。それに対して、「本《ほん》因妙《いんみょう》の仏法」では、上行菩薩《じょうぎょうぼさつ》が先駆《さきが》けて身《み》をもって体現《たいげん》した「因果倶時《いんがぐじ》の妙法」を弘《ひろ》めるのです。

つまり、本因・本果の名は同じでも、本因と本果がかけ離《はな》れたものを説《と》くのか、それとも本因・本果が一体《いったい》の「因果倶時の妙法」を弘めるのか——両者には法の上でも大きな違《ちが》いがあるのです。

この「因果倶時の妙法」こそ、真実《しんじつ》の「仏種《ぶっしゅ》」です。釈尊《しゃくそん》も本来《ほんらい》は、この「仏種」を悟《さと》り、成仏《じょうぶつ》の因果を体現して仏《ほとけ》になったと言えます。しかし、釈尊の名をもって説かれた多くの教法は、「仏種」そのものを説かず、本果を指《さ》し示《しめ》す本果妙の仏法にとどまっています。

法華経の核心《かくしん》は、釈迦・多宝から上行への付嘱《ふぞく》を説くことにあります。これは、法華経の理想《りそう》であり仏の誓願《せいがん》である万人《ばんにん》の成仏を実現するには、どうしても未来《みらい》に、「本果妙」から「本因妙」への大転換《だいてんかん》がなされるべきであることを予言《よげん》しているのです。

本因妙《ほんいんみょう》の仏法の核心《かくしん》――魔性《ましょう》との闘争《とうそう》

このように法華経の付嘱《ふぞく》の本質《ほんしつ》は、「本果妙《ほんがみょう》から本因妙へ」という教主《きょうしゅ》の交代《こうたい》と教法《きょうほう》の転換《てんかん》を告《つ》げることにあります。

本抄の「上行菩薩出現《じょうぎょうぼさつしゅつげん》すとやせん・出現せずとやせん、日蓮先《ま》ず粗弘《ほぼひろ》め候《そうろう》なり」（全一三三八ジペー・新一七七六ジペー）との仰《おお》せは、まさに大聖人こそが、仏法の大転換を実現する本因妙の教主であられることを宣言《せんげん》なされているのです。

日蓮大聖人は、法華経の理想《りそう》である「万人《ばんにん》の成仏《じょうぶつ》」と「立正安国《りっしょうあんこく》」を御自身《ごじしん》の終生《しゅうせい》の誓願《せいがん》として貫《つらぬ》かれ、法華経を信ずる心を南無妙法蓮華経の題目《だいもく》に込《こ》め、声《こえ》も惜《お》しまず唱《とな》え、弘めていかれたのです。そして、法華経の真髄《しんずい》を理解《りかい》できない悪僧《あくそう》や悪王《あくおう》から迫害《はくがい》を受けられた。現実に経文《きょうもん》に説《と》かれている通りの大難《だいなん》にあい、不惜身命《ふしゃくしんみょう》で戦《たたか》い抜《ぬ》かれ、勝ち越《こ》えていかれました。

その戦いによって、娑婆世界《しゃばせかい》に生きる一個の人間生命に成仏の因果《いんが》の功徳《くどく》を骨髄《こつずい》として確立《かくりつ》され、因果倶時《いんがぐじ》の妙法を具現化《ぐげんか》した妙覚《みょうかく》の仏《ほとけ》の生命を体現《たいげん》されたのでした。それが竜《たつ》の口《くち》の法難《ほうなん》の時の発迹顕本《ほっしゃくけんぽん》〈注4〉であることはいうまでもありません。

大聖人は、この時期に認《したた》められた「富木入道殿御返事《ときにゅうどうどのごへんじ》」に、「一大事《いちだいじ》の秘《ひ》法《ほう》を此国《このくに》に初めて之《これ》を弘《ひろ》む日蓮豈其《あにそ》の人に非《あら》ずや」（全九五五ページ・新一二八二ページ）と述《の》べられ、上行菩薩《じょうぎょうぼさつ》の名を挙《あ》げられて「法已《すで》に顕《あらわ》れぬ」（全同ページ・新一二八三ページ）と断言《だんげん》されています。

この御自身《ごじしん》の生命に体現された本因《ほんいん》・本果《ほんが》を曼荼羅《まんだら》として顕されたのが御本尊です。さらに、法華経の根幹《こんかん》の精神《せいしん》である万人《ばんにん》の幸福実現のために、具体的《ぐたいてき》な方途《ほうと》を示《しめ》され、三大秘法の南無妙法蓮華経として厳然《げんぜん》と確立なされたのです。

この大聖人の上行菩薩としての御確信《ごかくしん》は、諸抄《しょしょう》の仰《おお》せに刻《きざ》まれています。例《たと》えば、「教《きょう》行証御書《ぎょうしょうごしょ》」には次のように示されています。

「抑当世《そもそもとうせい》の人人何《いずれ》の宗宗《しゅうじゅう》にか本門《ほんもん》の本尊戒壇《ほんぞんかいだん》等を弘通《ぐつう》せる、仏滅後《めつご》二千二百二十余年《よねん》に一人《いちにん》も候《そうら》はず」（全一二八二ページ・新一六七七ページ）

「已《すで》に地涌《じゆ》の大菩薩・上行出《い》でさせ給《たま》いぬ結要《けっちょう》の大法亦《だいほうまた》弘まらせ給《たも》うべし」（全一二八三ページ・新同ページ）――〝私一人が妙法の旗《はた》を持ち、法華経の精神を結実《けつじつ》させた〟〝誰人《たれびと》も、その事実を破壊《はかい》することはできない〟〝仏法史上《しじょう》に未曽有《みぞう》の出来事《できごと》である〟との「崇高《すうこう》なる大境《だいきょう》涯《がい》」が響《ひび》き伝《つた》わってくる一節《いっせつ》です。

本抄にも、日蓮大聖人御自身《ごじしん》が、釈迦《しやか》・多宝《たほう》からの血脈《けつみやく》を確《たし》かに受《う》け継《つ》ぎ、滅後末法《めつごまっぽう》の広宣流布《こうせんるふ》の道を開《ひら》いたという、末法の教主《きょうしゅ》としての御自覚《ごじかく》が脈動《みやくどう》しています。そして、「日蓮が如《ごと》く」「日蓮が一門《いちもん》」として同じ道を進むよう弟子《でし》に呼《よ》びかけられています。大聖人の仏法が継承《けいしょう》され、万人《ばんにん》が幸福になることで、日蓮仏法の民衆救済《みんしゅうきゅうさい》の大道《だいどう》は成就《じょうじゅ》されるからです。

日蓮大聖人は末法の民衆仏法を確立《かくりつ》された御本仏《ごほんぶつ》です。一生涯《いっしょうがい》、菩薩仏《ぼさつぶつ》として、凡夫《ぼんぷ》すなわち一人《ひとり》の人間としての生き方を貫《つらぬ》かれるなかで、仏法の力《ちから》を証明《しょうめい》されました。

とりわけ、佐渡《さど》以前にあっては、法華経の弘通者《ぐつうしゃ》として大難《だいなん》にあわれるなかで、三類《さんるい》の強敵《ごうてき》と戦《たたか》い、三障四魔《さんしょうしま》を乗《の》り越《こ》える生き方を教《おし》えられました。一人の人間が、死《し》魔《ま》、天子魔《てんしま》と戦い、断固《だんこ》として勝ち越えることができる。それが竜《たつ》の口《くち》の発迹顕本《ほっしゃくけんぽん》のお姿《すがた》です。

「竜口《たつのくち》までもかちぬ、其《そ》の外《ほか》の大難をも脱《のが》れたり、今は魔王《まおう》もこりてや候《そうろ》うらん」(全八四三㌻・新一一七六㌻）とは、まさしく、一人《ひとり》の人間があらゆる魔性《ましょう》に勝利した、偉大《いだい》なる尊《そん》貴《き》な魂《たましい》の勝利宣言《せんげん》であられます。

そして、日蓮仏法は、弟子《でし》が同じように力強《ちからづよ》い生き方を貫《つらぬ》くことを教《おし》えられている「師《し》弟《てい》の宗教」です。「日蓮が如《ごと》く」生きることで、全人類《ぜんじんるい》の一人一人が凱歌《がいか》の人生を送れるように、手本《てほん》としての生き方を残《のこ》されたのです。

人間は一面では、弱《よわ》い存在です。無明《むみょう》を破《やぶ》ることは至難《しなん》の業《わざ》です。しかし一方で、人間は、自他《じた》ともに具《そな》わる根源《こんげん》の力《ちから》を「信」ずることで、限《かぎ》りなく崇高《すうこう》な存在ともなれる。人々は、そうした人類の先達《せんだつ》の勝利の生命に触《ふ》れることで、自身の無限《むげん》の可能性《かのうせい》を新《あら》たに発見《はっけん》します。

人間には、さまざまな勝利があります。しかし根源的な無明を破り、仏《ほとけ》の生命を涌現《ゆげん》させながら、無数《むすう》に続く継承者《けいしょうしゃ》を生み出す以上の究極《きゅうきょく》の勝利は絶対《ぜったい》にない。日蓮大聖人こそが、末法《まっぽう》における人類の根幹《こんかん》の教師《きょうし》であられることは言うまでもありません。

何よりも、誰《だれ》もが実践《じっせん》できる唱題行《しょうだいぎょう》による仏界《ぶっかい》涌現の道を開《ひら》かれ、民衆宗《みんしゅう》教を確立《かくりつ》してくださった日蓮大聖人こそが、人類の教主《きょうしゅ》であられる――これが私たちの大確信《だいかくしん》です。

「人間のための宗教」の大道《だいどう》

仏教は本来《ほんらい》、「人間の復権《ふっけん》」の宗教です。さらには、人間だけでなく一切《いっさい》の生きとし生けるものの生命の尊極性《そんごくせい》を謳《うた》いあげています。

釈尊《しゃくそん》は、障魔《しょうま》を打《う》ち下《くだ》して成道《じょうどう》した直後《ちょくご》、あたかも天空《てんくう》に輝《かがや》きわたる太陽のように、自身が安立《あんりゅう》していることを知りました。そして、その歓喜《かんき》の大生命を万人《ばんにん》が解《と》き放《はな》つことができるように法を説《と》き弘《ひろ》めていきました。その精髄《せいずい》が込《こ》められている法華経は、いうならば、仏教本来の教《おし》えである「人間讃歌《さんか》」の復活《ふっかつ》の経典《きょうてん》です。

この法華経の精髄を南無妙法蓮華経の一法《いっぽう》に結実《けつじつ》させ、民衆仏法《みんしゅう》を確立《かくりつ》されたのが、日蓮大聖人であられます。

そして、この歓喜満《み》つ「人間のための宗教」の大道を勇躍《ゆうやく》、世界に広げてきたのが、わが創価学会です。

創価の師弟《してい》には、釈尊、大聖人以来の仏法正統《せいとう》の実践《じっせん》が脈打《みゃくう》っています。それは「一人《ひとり》立つ」実践《じっせん》にほかなりません。

「誓願《せいがん》」ゆえに自身の本有《ほんぬ》の生命を開《ひら》き、「不惜身命《ふしゃくしんみょう》」の実践ゆえに人々の生命を解《と》き放《はな》ち、一人一人《ひとり》を蘇生《そせい》させていくのです。そして、目覚《めざ》めた民衆《みんしゅう》がまた、対話の力《ちから》によって人々に勇気《ゆうき》と確信《かくしん》を芽生《めば》えさせていくのです。この壮大《そうだい》な人間革命《かくめい》運動の世界的広がりの起点《きてん》となったのが、三代の師弟《してい》の「一人立つ」実践でありました。

牧口先生は、まさに御自身《ごじしん》が「敵前上陸《てきぜんじょうりく》」と言われたように、日蓮大聖人の仏法が見失《みうしな》われて、しかも日本国中が戦争へと傾《かたむ》いていった時代に、ただ「一人」、真正《しんせい》の仏法の実践者として立ち上がり、不惜の姿《すがた》を残《のこ》されました。

そして、牧口先生の一切《いっさい》を継承《けいしょう》された戸田先生は、獄中《ごくちゅう》で使命《しめい》を自覚《じかく》され、戦後の荒野《こうや》に「一人」立たれました。この戸田先生の「一人立つ」実践から民衆勝利の行進が本格的《ほんかくてき》に始まりました。

私も創価の魂《たましい》を継承した弟子《でし》として、未聞《みもん》の世界広布《こうふ》の大海原《おおうなばら》へ、航海《こうかい》を開始しました。

牧口先生、戸田先生は、「一人の人間が、どれだけのことができるか」という崇高《すうこう》なる精《せい》神《しん》の戦《たたか》いを厳然《げんぜん》と示《しめ》されて、人類《じんるい》の教師《きょうし》としての足跡《そくせき》を人類史に刻《きざ》まれております。世界中が今、両先生を宣揚《せんよう》している姿《すがた》そのものが、創価の師弟《してい》の勝利の証《あか》しであると言えます。この師弟の道を受《う》け継《つ》いだ世界中の弟子《でし》が、人類《じんるい》宗教の大道《だいどう》をさらに広々と開《ひら》くことによって、二十一世紀は必《かなら》ずや「創価の世紀」として高らかに謳《うた》い上《あ》げられていくことでありましょう。

人類は今、生きた「手本《てほん》」「模範《もはん》」を強く求《もと》めています。なかんずく、未来《みらい》を開く「人間主義の思想《しそう》」の体現者《たいげんしゃ》を深《ふか》く求めています。地涌《じゆ》の菩薩《ぼさつ》の実践《じっせん》を貫《つらぬ》く世界中の勇者《ゆうしゃ》が、その体現者として仰《あお》がれゆく時代が、ついに到来《とうらい》しているのです。

何よりも、地球規模《ちきゅうきぼ》で「仏《ほとけ》に成《な》る血脈《けつみゃく》」を伝《つた》える創価の実践を、日蓮大聖人が御賞讃《ごしょうさん》されていることは絶対《ぜったい》に間違《まちが》いありません。創価の大前進は、釈迦《しゃか》・多宝《たほう》・三世《さんぜ》の諸仏《しょぶつ》の喝采《かっさい》に包《つつ》まれているのです。

注

〈注1〉**【上行菩薩《じょうぎょうぼさつ》】** 地涌《じゆ》の菩薩の四人の主要《しゅよう》なリーダーの一人《ひとり》。如来神力品《にょらいじんりきほん》第二十一で滅後《めつご》悪世《あくせ》の法華経弘通《ぐつう》を付嘱《ふぞく》するに当《あ》たっては、上行菩薩がリーダーとされている。

〈注2〉**【法華経の虚空会《こくうえ》における付嘱《ふぞく》の儀式《ぎしき》】** 法華経見宝塔品《けんほうとうほん》第十一から嘱累品《ぞくるいほん》第二十二までの十二品の間に、虚空に浮《う》かんだ巨大《きょだい》な宝塔を中心に行《おこな》われた儀式。全体が地涌《じゆ》の菩薩《ぼさつ》への付嘱のための儀式であるが、特に如来神力品《にょらいじんりきほん》第二十一では、四句《しく》の要法《ようほう》を説《と》いて、上行《じょうぎょう》菩薩をリーダーとする地涌の菩薩に滅後《めつご》悪世《あくせ》における法華経弘通《ぐつう》を付嘱した。

〈注3〉「爾前《にぜん》の経経《きょうぎょう》の心は心のすむは月のごとし・心のきよきは花のごとし」（全一五九七ページ・新二〇五四ページ）

〈注4〉**【発迹顕本《ほつしゃくけんぽん》】** 仏《ほとけ》が人々を救済《きゅうさい》するために現《げん》じた仮《かり》の姿《すがた》（迹）を開《ひら》いて、本来《ほんらい》の仏の覚《さと》りの境《きょう》地《ち》（本地《ほんじ》）を顕《あらわ》すこと。日蓮大聖人は、法華経のために命《いのち》をも捧《ささ》げようとされた竜《たつ》の口《くち》の法難《ほうなん》の折に、一個の生身《なまみ》の人間（凡夫《ぼんぷ》）の上に生命に内在《ないざい》する最《もっと》も根源《こんげん》の仏（久遠元初自受用身《くおんがんじょじじゅゆうしん》）の境地を開き顕された。

第12回　煩悩即菩提《ぼんのうそくぼだい》・生死即涅槃《しょうじそくねはん》

——迷《まよ》いと苦悩《くのう》の我《わ》が身《み》に確信《かくしん》と歓喜《かんき》と希望《きぼう》を開《ひら》け！

御文

相構《あいかま》え相構えて強盛《ごうじょう》の大信力《だいしんりき》を致《いた》して南無妙法蓮華経・臨終正念《りんじゅうしょうねん》と祈念《きねん》し給《たま》へ、生死一大事《いちだいじ》の血脈《けつみゃく》此《こ》れより外《ほか》に全《まった》く求《もと》むることなかれ、煩悩即菩提・生死即涅槃とは是《これ》なり、信心の血脈なくんば法華経を持《たも》つとも無益《むやく》なり、委細《いさい》の旨《むね》又又《またまた》申《もう》す可《べ》く候《そうろう》、恐《きょう》恐謹言《きょうきんげん》。

文永《ぶんえい》九年壬申《みずのえさる》二月十一日

最蓮房上人御返事《さいれんぼうしょうにんごへんじ》

桑門《そうもん》日蓮　花押《かおう》

（全一三三八ジペー・新一七七七ジペー）

通解

よくよく心して強盛《ごうじょう》の大信力《だいしんりき》を起《お》こして、南無妙法蓮華経、臨終正念《りんじゅうしょうねん》と祈念《きねん》しなさい。生死《しょうじ》一大事《いちだいじ》の血脈《けつみゃく》をこれよりほかに決《けつ》して求《もと》めてはならない。煩悩即菩提《ぼんのうそくぼだい》・生死即涅槃《しょうじそくねはん》とは、このことである。

信心の血脈がなければ、法華経を持《たも》っても無益《むえき》である。詳《くわ》しくは、また申し上げましょう。恐恐謹言《きょうきょうきんげん》。

文永《ぶんえい》九年壬申《みずのえさる》二月十一日

桑門日蓮　花押

最蓮房上人御返事

講義

妙法の功力《くりき》は無量《むりょう》です。ゆえに、大聖人が仰《おお》せの通りの正《ただ》しい信心を貫《つらぬ》けば、かけがえのない我《わ》が人生にあって、一生成仏《いっしょうじょうぶつ》という最高の境涯《きょうがい》を成就《じょうじゅ》することができる。

本抄の最後の一節《いっせつ》は、生死一大事《しょうじいちだいじ》の血脈《けつみゃく》を受《う》け継《つ》ぐ「正しき信心の要諦《ようてい》」を明《あ》かし、私たち一人《ひとり》一人に最高の人生を歩《あゆ》むべきことを呼《よ》びかけられているのです。

日蓮大聖人の仏法を正しく持《たも》ち、正しく行《ぎょう》じ、現実に大聖人の仰せ通りに世界に広宣流《こうせんる》布《ふ》して、大聖人から生死一大事血脈を受け継いでいるのは創価学会以外にありません。それゆえに、広宣流布に戦《たたか》う私たち学会員一人一人の生命それ自体《じたい》に、妙法の無限《むげん》の力《ちから》があふれんばかりに開《ひら》かれてくるのです。

妙法の当体《とうたい》であるがゆえの生命の奥底《おうてい》からの大歓喜《だいかんき》を事実として我が身《み》に現《あらわ》せば、いかなる牢固《ろうこ》たる悩《なや》みをも智慧《ちえ》に変え、自在《じざい》に価値創造《かちそうぞう》の力としていくことができるのです。

自身の生命の大地には、「もう限界《げんかい》だ」という局面《きょくめん》を、いくらでも打開《だかい》していける本源《ほんげん》的《てき》な力《ちから》が、本来《ほんらい》、厳然《げんぜん》と秘《ひ》められています。いかなる苦難《くなん》をもバネにして、絶対的《ぜったいてき》な幸福を成就《じょうじゅ》しゆく「変毒為薬《へんどくいやく》〈注1〉」の力を確信《かくしん》すれば、恐《おそ》れる必要《ひつよう》はもう何もありません。

妙法は、自身が本来もっている無限《むげん》の力を引き出すための根本法則《こんぽんほうそく》です。その無限の力用《りきゆう》で、火が薪《たきぎ》を燃《も》やして光《ひかり》に変えるように、煩悩《ぼんのう》を智慧《ちえ》に変えていくのです。さらにまた、春の陽光《ようこう》が氷雪《ひょうせつ》を溶《と》かして流《なが》れに変えるように、生死《しょうじ》の苦悩《くのう》に固《かた》まっていた自身を、躍動《やくどう》する大歓喜《だいかんき》の境涯《きょうがい》に変えていくのです。

「自身が変わる」――これが仏法の根本主題《しゅだい》です。日蓮大聖人の仏法は、「自分自身」の生命を現実に変革《へんかく》するための宗教です。どこまでも「私自身」であり「あなた自身」の人間革命《かくめい》から出発する。この一点を忘《わす》れては、日蓮仏法は存在しません。創価学会の実践《じっせん》も成立《せいりつ》しません。

この「生死一大事血脈抄《しょうじいちだいじけつみゃくしょう》」の末尾《まつび》も、「あなた自身の偉大《いだい》な力を自覚《じかく》しなさい」「偉大で大満足《だいまんぞく》の人生を確信《かくしん》して題目《だいもく》を唱《とな》えなさい」「それこそが真《しん》の血脈である」との御指南《ごしなん》で結《むす》ばれています。

一人《ひとり》一人に、そして万人《ばんにん》に、仏《ほとけ》に成《な》る血脈が流れ通《かよ》う要諦《ようてい》としての「信心の血脈」を示《しめ》して、本抄は完結《かんけつ》します。

血脈《けつみゃく》を受《う》け継《つ》ぐ信心の要諦《ようてい》

「生死一大事血脈抄《しょうじいちだいじけつみゃくしょう》」の全体には、一切衆生《いっさいしゅじょう》を成仏《じょうぶつ》させるとの仏教の根本精神《こんぽんせいしん》が横溢《おういつ》しております。まさに、万人《ばんにん》を救《すく》わずにおかないとの大聖人の大慈悲《だいじひ》の御一念《ごいちねん》に貫《つらぬ》かれた一書《いっしょ》であると拝《はい》されます。

前回、生死一大事の血脈を受け継いで末法《まっぽう》に出現《しゅつげん》する上行菩薩《じょうぎょうぼさつ》がなすべき実践《じっせん》を、大聖人が成《な》し遂《と》げられたとの仰《おお》せを拝察《はいさつ》しました。民衆《みんしゅう》を救済《きゅうさい》する大法《だいほう》は、本因妙《ほんいんみょう》〈注2〉の教主《きょうしゅ》・日蓮大聖人によって厳然《げんぜん》と確立《かくりつ》されました。

これを受けた本抄の結《むす》びにあっては、あらためて、末法の衆生の一人《ひとり》一人が、大聖人から成仏の血脈を受け継いでいくための信心の要諦が示《しめ》されています。そのことが「強盛《ごうじょう》の大信力《だいしんりき》」「臨終正念《りんじゅうしょうねん》」「煩悩即菩提《ぼんのうそくぼだい》・生死即涅槃《ねはん》」、そして「信心の血脈」という表現に凝結《ぎょうけつ》されています。今回と次回の講義は、この法理《ほうり》と実践を拝します。

まず、この最後の一節《いっせつ》における大聖人の仰《おお》せを順《じゅん》に拝《はい》していきましょう。

最初に、「相構《あいかま》え相構えて強盛《ごうじょう》の大信力《だいしんりき》を致《いた》して」と、一人《ひとり》一人が血脈《けつみゃく》を受《う》け継《つ》ぐ根幹《こんかん》は「強盛の大信力」にあることを強調《きょうちょう》されています。

「相構え相構えて」と仰せであります。文字《もじ》通《どお》り自分の姿勢《しせい》を構《かま》え直《なお》し、常に新《あら》たなる「信」を自《みずか》ら奮《ふる》い起《お》こしていく力《ちから》こそ「強盛の大信力」といってよい。

その信心の在《あ》り方《かた》として、具体的《ぐたいてき》に何をすべきかを示《しめ》された内容《ないよう》が、次の「南無妙法蓮華経・臨終正念《りんじゅうしょうねん》と祈念《きねん》し給《たま》へ」の一節《いっせつ》です。

「臨終正念」については、既《すで》に拝察《はいさつ》しました（第6回参照）。死《し》に臨《のぞ》んでも心を乱《みだ》さず、正《ただ》しい念慮《ねんりょ》（思い、考え）を持つことです。すなわち、臨終の時に、死魔《しま》などに心を乱されず、妙法を信受《しんじゅ》できた大満足《だいまんぞく》と大安心《だいあんしん》の人生の総決算《そうけっさん》を迎《むか》えることが、永遠《えいえん》にわたる幸福の大境涯《だいきょうがい》の確立《かくりつ》になるということです。

この臨終正念の境地《きょうち》を獲得《かくとく》するために、月々日々《つきづきひび》に、常に悔《く》いのない生き方を貫《つらぬ》く「臨終只今《ただいま》」の信心の姿勢が大事であることも既に学《まな》んできたところです。

すなわち、大聖人は、各人《かくじん》が、臨終正念の境地を開《ひら》くためには、一日また一日、祈《いの》りを深《ふか》めて、悔《く》いなき信心を断固《だんこ》として貫《つらぬ》いていくべきことを教《おし》えられています。

そして、この「強盛《ごうじょう》の大信力《だいしんりき》」を起《お》こし、「臨終正念《りんじゅうしょうねん》」を確信《かくしん》して南無妙法蓮華経と自《じ》行化他《ぎょうけた》にわたって唱《とな》えていく真実《しんじつ》の信心以外に、生死一大事《しょうじいちだいじ》の血脈《けつみゃく》を受《う》け継《つ》ぐ方途《ほうと》はないことを示《しめ》されております。

自身の生命変革《へんかく》が血脈の根幹《こんかん》

本抄の結論《けつろん》は、私たち一人《ひとり》一人の成仏《じょうぶつ》がどうしたら実現するのか、そこに焦点《しょうてん》を絞《しぼ》られていると拝察《はいさつ》できます。

日蓮大聖人が弘《ひろ》められた本因妙《ほんいんみょう》の仏法は、現実の人間において成仏の因果《いんが》を成就《じょうじゅ》するための教法《きょうほう》です。どこまでも「目の前の一人」が根幹であり、「現実の一人」が大切なのです。その実践《じっせん》がなければ、どんなに立派《りっぱ》な「血脈の法理《ほうり》」を論《ろん》じても、それは無益《むえき》な観念《かんねん》論《ろん》にすぎないからです。

それは同時に、日蓮仏法を実践する人自身にとっても、「自分の生命が必《かなら》ず変わる」という自覚《じかく》と確信《かくしん》が不可欠《ふかけつ》であることを意味《いみ》しております。「生死一大事《しょうじいちだいじ》の血脈此《けつみゃくこ》れより外《ほか》に全《まった》く求《もと》むることなかれ」と仰《おお》せられているのは、どこまでも一人《ひとり》一人が唱題《しょうだい》を根本《こんぽん》に、現実に境涯《きょうがい》を変革《へんかく》して、一生成仏《いっしょうじょうぶつ》を実現する本因妙《ほんいんみょう》の信心以外に、生死一大事血脈は存在しないからです。

それでは、具体的《ぐたいてき》に私たち自身の生命が、いかに変革されていくのか。信心によって、いかなる境涯が得《え》られるのか。――そのことを大聖人は、「煩悩即菩提《ぼんのうそくぼだい》・生死即涅槃《ねはん》とは是《これ》なり」と仰せられています。

すなわち、私たち自身が、「強盛《ごうじょう》の大信力《だいしんりき》」を出《いだ》して「臨終正念《りんじゅうしょうねん》」と祈念《きねん》して唱題することが、そのまま「煩悩即菩提・生死即涅槃」であり、その境涯を獲得《かくとく》することに仏法の真実《しんじつ》の利益《りやく》があるのです。

それは、何ものにも揺《ゆ》るがぬ確固《かっこ》たる「信力」と「唱題」によって、迷《まよ》いや苦悩《くのう》をバネにして価値創造《かちそうぞう》の智慧《ちえ》を磨《みが》き、安心《あんしん》と歓喜《かんき》の大境涯を確立《かくりつ》していけるということです。

「煩悩即菩提・生死即涅槃」の境地《きょうち》とは、「即身成仏《そくしんじょうぶつ》」の異名《いみょう》であり、「変毒為薬《へんどくいやく》」の大《だい》功徳《くどく》でもあります。本因妙の仏法においては、誰人《たれびと》も、信心によって、自身の胸中《きょうちゅう》に成仏という不滅《ふめつ》の大境涯《だいきょうがい》を築《きず》き上《あ》げることができるのです。
この「煩悩即菩提《ぼんのうそくぼだい》・生死即涅槃《しょうじそくねはん》」の境涯について、さらに拝察《はいさつ》していきたい。

即身成仏《そくしんじょうぶつ》の境涯、功力《くりき》を表現

まず、「煩悩即菩提」と「生死即涅槃」の法義《ほうぎ》について、あらためて確認《かくにん》してみましょう。この二つの法理《ほうり》は、共通して、衆生《しゅじょう》自身の生命の変革《へんかく》の働《はたら》きを示《しめ》しております。

「煩悩即菩提」とは、煩悩に支配《しはい》されている衆生の生命に、成仏のための覚《さと》りの智慧《ちえ》（菩提）が現《あらわ》れることとです。

「生死即涅槃」とは、生死の苦《くる》しみに苛《さいな》まれている衆生の身《み》に、仏《ほとけ》が成就《じょうじゅ》した真《しん》の安楽《あんらく》の境地《きょうち》（涅槃）が顕現《けんげん》することとです。

御書を繙《ひもと》くと、この二つの法理のどちらかが単独《たんどく》で論《ろん》じられていることはほとんどありません。「煩悩即菩提」と「生死即涅槃」の二つを合わせて、即身成仏の境涯や功力を表現されている例《れい》が大半《たいはん》です〈注3〉。

相対種《そうたいしゅ》の因果《いんが》と変毒為薬《へんどくいやく》の妙法

本来《ほんらい》、「煩悩《ぼんのう》」と「菩提《ぼだい》」は正反対《せいはんたい》のものであり、字義通《じぎどお》りにとれば、両者を「即《そく》」で結《むす》びつけることはできません。「生死《しょうじ》」と「涅槃《ねはん》」についても同じことが言えます。

むしろ、「煩悩」と「生死」が同質的《どうしつてき》であり、貪瞋癡《とんじんち》などの煩悩が生死の苦《くる》しみをもたらすという因果を釈尊《しゃくそん》が洞察《どうさつ》したことはよく知られています。その因果観から、煩悩を滅《めっ》することによって生死の苦しみから脱却《だっきゃく》できるとする小乗教《しょうじょうきょう》の修行《しゅぎょう》が行《おこな》われました。

しかし、この小乗の修行で、生死を厭《いと》い、逃避《とうひ》する姿勢《しせい》をもたらします。なぜならば、煩悩を断《だん》ずるという修行は、「悪《あく》は悪を生む」という一面的な因果観に基《もと》づいているからです。そのような因果観において、悪を断ずる修行といっても絶望的《ぜつぼうてき》にならざるをえません。

他方、大乗教《だいじょうきょう》では「煩悩即菩提」「生死即涅槃」という言葉は説《と》きますが、実際《じっさい》の修行は、歴劫《りゃっこう》修行などに見られるように果《は》てしない善行《ぜんぎょう》を積《つ》み重《かさ》ねるか、絶対的《ぜったいてき》な仏《ほとけ》の救済《きゅうさい》〈注

4〉を待つかのどちらかの道で成仏《じょうぶつ》を期《き》するものでした。

しかし、このような大乗《だいじょう》の修行《しゅぎょう》や信仰《しんこう》も、結局《けっきょく》は、生死《しょうじ》を厭《いと》う逃避《とうひ》の姿勢《しせい》に陥《おちい》りやすいものです。なぜならば、結局は「善《ぜん》は善を生む」という一面的な因果《いんが》観《かん》に立脚《りっきゃく》しているからです。自力《じりき》の菩薩行《ぼさつぎょう》〈注5〉を実践《じっせん》する人は果《は》てしない未来《みらい》の成仏を期するしかない。他力《たりき》の信仰〈注6〉を実践する人は、阿弥陀仏《あみだぶつ》などの絶対的《ぜったいてき》な仏《ほとけ》の力《ちから》を借《か》りて娑婆《しゃば》世界《せかい》から離《はな》れた浄土《じょうど》に往生《おうじょう》し、そこであらためて「善は善を生む」という修行をするしかありません。今の人生における修行の成就《じょうじゅ》は保証《ほしょう》されないのです。結局、これらは「悪《あく》は悪を生む」という因果観の裏返《うらがえ》しに過《す》ぎません。

いずれにしても、煩悩《ぼんのう》の迷《まよ》いと生死の苦《くる》しみに束縛《そくばく》されている現実の人々にとっては、煩悩と生死から解放《かいほう》された真《しん》の歓喜《かんき》が得《え》られないのは当然のこととして、成仏への確信《かくしん》や希望《きぼう》も持ちようがありません。

御書には、「煩悩即菩《そくぼ》提《だい》」などについての爾前経《にぜんきょう》の誤《あやま》った考え方について、次のように仰《おお》せです。

「爾前の心は煩悩を捨《す》てて生死を厭うて別に菩提涅槃《ねはん》を求《もと》めたり、法華経の意《こころ》は煩悩即

菩提《ぼだい》・生死即涅槃《しょうじそくねはん》と云《い》えり」（全八二一ページ・新一一四三ページ）

では、煩悩《ぼんのう》・生死と菩提・涅槃とを別物《べつもの》としない考え方とは、どのようなものでしょうか。大聖人は、富木常忍《ときじょうにん》に与《あた》えられた「始聞仏乗義《しもんぶつじょうぎ》〈注7〉」において、凡夫《ぼんぷ》が法華経を修行《しゅぎょう》する真髄《しんずい》は「相対種《そうたいしゅ》」という考え方にあると言われています（全九八二ページ・新一三三五ページ）。「相対種」とは、結果《けっか》（成仏《じょうぶつ》）とは反対のもの（煩悩など）が成仏の原因《げんいん》（種子《しゅし》）になる、という意味《いみ》です。

これは、凡夫の成仏のためには、「悪《あく》が悪を生む」という因果《いんが》観《かん》も、「善《ぜん》が善を生む」という因果観も、いまだ不十分《ふじゅうぶん》であるということです。悪と善を区別《くべつ》する考え方では、悪の中で生きざるをえない凡夫は、結局《けっきょく》、希望《きぼう》を失《うしな》わざるをえません。

通途《つうず》の仏教が、現実から遊離《ゆうり》する体質《たいしつ》や、修行者や僧侶《そうりょ》という一部の者を中心とする一種のエリート主義に陥《おちい》ってしまったのは、善と悪を別物として、濁世《じょくせ》の中に生きる多くの人々の希望の源泉《げんせん》となりえなかったからではないでしょうか。

大聖人が「相対種」を強調《きょうちょう》されたのは、凡夫に真《しん》の希望を持たせるためには「悪が善を生む」「悪が善に転換《てんかん》する」という因果観を見《み》極《きわ》めていくことが大切であると洞察《どうさつ》されたからであると拝察《はいさつ》されます。

大聖人は「始聞仏乗義《しもんぶつじょうぎ》」で、この相対種《そうたいしゅ》の因果《いんが》を「変毒為薬《へんどくいやく》」と表現されています。優《すぐ》れた医師《いし》が毒《どく》をも薬《くすり》として用《もち》いるように、凡夫《ぼんぷ》の煩悩《ぼんのう》・業《ごう》・苦《く》の三道《さんどう》は、妙法の力《ちから》で法身《ほっしん》・般若《はんにゃ》・解脱《げだつ》の三徳《さんとく》〈注8〉へと転換《てんかん》できるという法理《ほうり》です。まさに「煩悩即菩提《そくぼだい》」であり「生死即涅槃《しょうじそくねはん》」です。

さらに、同抄では、この三道即三徳と信じたときに、初めて生死の苦《くる》しみを超《こ》えることができ、真《しん》の意味《いみ》で法華経を聞いたことになると言われて結《むす》ばれている〈注9〉。

言《い》い換《か》えれば、「煩悩即菩提」「生死即涅槃」を心から信じたときに、私たちは苦悩《くのう》のもととしての生死を超えることができる。そして、そのとき法華経の聞法《もんぼう》(聴聞《ちょうもん》)が真に成《な》り立《た》つということです。

相対種は、「相対種開会《かいえ》」ともいい、相対立《あいたいりつ》するものを、より大きな視点《してん》から統一《とういつ》して、より広い意味を明《あき》らかにすることを言います。「煩悩即菩提」「生死即涅槃」というときには、まさに相対立している「煩悩」や「生死」とは意味が変わっているのです。

むしろ私たちは、悩《なや》みがあることで真剣《しんけん》に御本尊に祈《いの》っていくことができます。悩みに真剣《しんけん》に立ち向かっていこうとする一念《いちねん》が、自身の生命に内在《ないざい》する本源的《ほんげんてき》な力《ちから》をより強く涌《ゆ》現《げん》させていく。

このとき、悩《なや》み、すなわち煩悩《ぼんのう》は、既《すで》に菩提《ぼだい》へと転《てん》ずる因《いん》としての煩悩であり、その煩悩の中に実《じつ》は菩提が含《ふく》まれているともいえる。言うならば、「自身を苦《くる》しめる煩悩」から、「菩提へと転ずる煩悩」へと、煩悩自身が質的《しつてき》に転換《てんかん》するのです。

これを可能《かのう》にするのが「因果倶時《いんがぐじ》の妙法」たる南無妙法蓮華経の力用《りきゆう》です。

「ありのまま」の仏《ほとけ》

凡夫《ぼんぷ》の煩悩、凡夫の生死《しょうじ》を離《はな》れて成仏《じょうぶつ》はありません。成仏とは人間から離れた超越的《ちょうえつてき》な存在になることではない。これは、戸田先生が一貫《いっかん》して強調《きょうちょう》されていたことです。戸田先生は、「煩悩即《そく》菩提」「生死即涅槃《ねはん》」について、次のように語《かた》られていました。

「自分の煩悩に生きながら、煩悩のままに、安心《あんしん》しきった幸福境涯《きょうがい》をつかむ生活を『煩悩即菩提』『生死即涅槃』というのです」

「なにも菩提《ぼだい》だ、悟《さと》りだといってたいして変わったものではないのです。煩悩《ぼんのう》があればこそ満足《まんぞく》があり、満足があるからこそ幸《しあわ》せを感ずる。毎日、朝起《お》きて、からだの具合《ぐあい》がよくて、食べるご飯がおいしくて、毎日自分のすることがうれしくて、これで困《こま》らない生活ができる。この生活が菩提です。変わったものではないのです。煩悩即《そく》菩提というと、とても変わった人間になるというような、考え違《ちが》いをしないほうがよい」

戸田先生は、「ありのまま」の本有無作《ほんぬむさ》の境涯《きょうがい》の達人《たつじん》であられた。外見《がいけん》は凡夫《ぼんぷ》の姿《すがた》そのものであっても、学会の前進のためにいつも頭脳《ずのう》は鋭《するど》く回転《かいてん》しておられた。何よりも広宣《こうせん》流布《るふ》への責任感《せきにんかん》は、まさしく悟りの大境涯であられた。広宣流布を必《かなら》ず成《な》し遂《と》げようとの大煩悩を持ち、責任即悟達《ごだつ》の大境涯から、広宣流布に生き切る生死不二《しょうじふに》の姿を現《げん》じられた先生でした。

「ありのまま」とは、その身《み》のままでありながら、常に生命を磨《みが》いていくことです。現代的に言えば、人間革命《かくめい》の真髄《しんずい》の姿が即身成仏《そくしんじょうぶつ》の実証《じつしょう》にほかならない。

要《よう》するに、「煩悩即菩提」「生死即涅槃《ねはん》」とは、「戦《たたか》い続ける信心」の中でこそ実現するのです。

歓喜《かんき》の中の大歓喜

この「煩悩即菩提《ぼんのうそくぼだい》」「生死即涅槃《しょうじそくねはん》」の実践《じっせん》は、歓喜をもたらします。「凡夫即極《ぼんぷそくごく》」であり、「生死ともに仏《ほとけ》なり」との境地《きょうち》が開《ひら》ける以上の歓喜はありません。

私たちの実践に則《そく》しても、「煩悩即菩提」「生死即涅槃」と開く即身成仏《そくしんじょうぶつ》の実践は、常に歓喜に満《み》ちあふれています。

例《たと》えば、悩《なや》みと真正面《ましょうめん》から格闘《かくとう》し、本源的《ほんげんてき》な智慧《ちえ》を涌現《ゆげん》しているとき、それまでの苦難《くなん》を包《つつ》み込《こ》む、生命の大いなる底力《そこぢから》があふれ、いつしか大歓喜の境涯《きょうがい》が生《しょう》じてきます。

もともと、仏の生命それ自体《じたい》が大歓喜に満ちているものです。究極《きゅうきょく》の真理《しんり》に到達《とうたつ》した法《ほう》楽《らく》が充満《じゅうまん》している。不死《ふし》の境地を得《え》て、永遠《えいえん》に生きる喜《よろこ》びが横溢《おういつ》している。この仏の歓喜の生命を私たちの胸奥《きょうおう》から現《あらわ》していくことが、仏界《ぶっかい》涌現の実践です。

妙法を持《たも》ち、いかなる困難《こんなん》にも立ち向かう勇気《ゆうき》があれば、この仏の生命が涌現します。どんな絶望《ぜつぼう》にも負《ま》けない希望《きぼう》があれば、この仏の生命は絶《た》えることがありません。

それまで悩《なや》みや苦難《くなん》に負《ま》けていた自分が、妙法の力《ちから》によって、悩みや苦難に立ち向かっていく強い生命が自身に備《そな》わっていることを知る。広宣流布《こうせんるふ》の大目的に立ったときに、自身の悩みは、仏法を証明《しょうめい》する変革《へんかく》のエネルギーになることを知る。悩みに負けない自身の姿《すがた》が、多くの人を励《はげ》ましていることを知る。広宣流布のために「戦《たたか》い続ける心」を持つことで、私たちは、我が身《わがみ》が本来《ほんらい》、仏《ほとけ》であることを知ることができます。

法華経に「心大歓喜《しんだいかんき》」とあります。「御義口伝《おんぎくでん》」では、この「大歓喜」との経文《きょうもん》の一節《いっせつ》の脇《わき》に、「煩悩即菩提《ぼんのうそくぼだい》」「生死即涅槃《しょうじそくねはん》」と注釈《ちゅうしゃく》されています（全七八八ジペー・新一〇九六ジペー）。「煩悩即菩提」「生死即涅槃」の即身成仏《そくしんじょうぶつ》の境地《きょうち》こそが大歓喜にほかなりません。「御義口伝」では続けて、「始めて我心《わがこころ》本来の仏なりと知るを即ち《すなわ》大歓喜と名《なづ》く所謂《いわゆる》南無妙法蓮華経は歓喜の中の大歓喜なり」（全同ジペー・新一〇九七ジペー）と仰《おお》せです。

「煩悩即菩提」「生死即涅槃」は、苦悩《くのう》や悲哀《ひあい》も、すべて歓喜の生命のなかに包《つつ》みながら、強靱《きょうじん》なる大人生を送れることを示《しめ》しています。

私は、トルストイの次の言葉が忘《わす》れられません。

「喜《よろこ》べ！　喜べ！　人生の事業、人生の使命《しめい》は喜びだ。空に向かって、太陽に向かって、星《ほし》に向かって、草に向かって、樹木《じゅもく》に向かって、動物に向かって、人間に向かって喜《よろこ》ぶがよい。この喜びが何物《なにもの》によっても破《やぶ》られないように、監視《かんし》せよ。この喜びが破れたならば、それはつまり、お前がどこかで誤《あやま》りをおかしたということだ。その誤りを探《さが》し出《だ》して、訂正《ていせい》するがよい」（『トルストイの言葉』小沼文彦訳編、彌生書房）

まさに、大文豪《だいぶんごう》が志向《しこう》した「人生の事業、人生の使命《しめい》は喜び」とは、仏法の深遠《しんえん》な哲理《てつり》に通《つう》じております。

この歓喜《かんき》を現実に涌現《ゆげん》する方途《ほうと》を、私たちは実践《じっせん》しているのです。さらに、〝この喜びを破る誤りをたずね、誤りを正《ただ》す行為《こうい》〟とは、私たちの仏法の眼《まなこ》で見れば、煩悩《ぼんのう》を転換《てんかん》し、生死《しょうじ》を転換する「即《そく》」の実践、つまり「煩悩即菩提《ぼだい》」「生死即涅槃《ねはん》」、そして宿命《しゅくめい》転換の戦《たたか》いといってよい。いかなる苦悩《くのう》や迷《まよ》いの日々があっても、妙法を持《たも》ち行《ぎょう》ずる私たち学会員の境涯《きょうがい》は、実《じつ》は最高の大賢者《だいけんじゃ》の道にほかならないのです。

一切《いっさい》の毒《どく》を、妙法の大良薬《だいりょうやく》によって「変毒為薬《へんどくいやく》」していくのが創価学会の信心です。

「此《こ》の毒を生死即涅槃・煩悩即菩提となし候を妙の極《ごく》とは申しけるなり」（全一〇〇六ジペー・新一三八一ジペー）

妙法は絶対《ぜったい》の人生勝利への宝《たから》の法です。一人《ひとり》一人が妙法を根幹《こんかん》に「煩悩即菩提《ぼんのうそくぼだい》」「生死《しょうじ》即涅槃《そくねはん》」の凱歌《がいか》の人生を歩《あゆ》む。その栄光《えいこう》が広がる中に、生死一大事《いちだいじ》の血脈《けつみゃく》が万人《ばんにん》に流《なが》れ通《かよ》う日蓮仏法の勝利の姿《すがた》があるのです。

注

〈注1〉**【変毒為薬《へんどくいやく》】**「毒《どく》を変《へん》じて薬《くすり》と為《な》す」と読《よ》み下《くだ》す。妙法の偉大《いだい》な力《ちから》を表現している。『大智度論《だいちどろん》』巻百に「大薬師《だいやくし》の能《よ》く毒を以《もっ》て薬と為すが如《ごと》し」とあり、天台大師《てんだいだいし》は『法華玄義《ほっけげんぎ》』にこの文《もん》を引いて、諸経《しょきょう》では永遠《えいえん》に不成仏《ふじょうぶつ》とされた二乗《にじょう》さえも、法華経の功力《くりき》で成仏の記《き》を受けたことを譬《たと》えている。

〈注2〉**【本因妙《ほんいんみょう》】**久遠《くおん》の仏《ほとけ》が成仏《じょうぶつ》した根本《こんぽん》の因《いん》、すなわちあらゆる生命の究極的《きゅうきょくてき》な成仏の因が妙《みょう》であること。また、その妙法を説《と》く教法《きょうほう》や教主《きょうしゅ》を示《しめ》す。日蓮大聖人の仏法は本因妙の仏法であり、大聖人は本因妙の教主である。

〈注3〉「法華経は念念《ねんねん》に一心三観《いっしんさんがん》・一念三千《いちねんさんぜん》の謂《いわれ》を観《かん》ずれば我《わ》が身《み》本覚《ほんがく》の如来《にょらい》なること悟《さと》り出《いだ》され無明《むみょう》の雲《くも》晴《は》れて法性《ほっしょう》の月明《あきら》かに妄想《もうそう》の夢《ゆめ》醒《さめ》て本覚の月輪《げつりん》いさぎよく父母所生《しょしょう》の肉身《にくしん》・煩悩具縛《ぼんのうぐばく》

の身・即本有常住《そくほんぬじょうじゅう》の如来となるべし、此《これ》を即身成仏《そくしんじょうぶつ》とも煩悩即菩提《ぼだい》とも生死即涅槃《しょうじそくねはん》とも申す」（全四一三ページ・新三六〇ページ）、「故聖霊《こしょうりょう》・最後臨終《りんじゅう》に南無妙法蓮華経と・となへさせ給《たま》いしかば、一《いっ》生乃至無始《しょうないしむし》の悪業変《あくごうへん》じて仏《ほとけ》の種《たね》となり給《たも》う、煩悩即菩提・生死即涅槃・即身成仏と申す法門《ほうもん》なり」（全一四〇五ページ・新二一〇三ページ）など。

〈注4〉【絶対的《ぜつたいてき》な仏《ほとけ》の救済《きゅうさい》】たとえば、浄土信仰《じょうどしんこう》では、超越的《ちょうえつてき》な仏である阿弥陀仏《あみだぶつ》の絶対的な慈悲《じひ》を全面的に頼《たの》み、その仏の住む浄土に生まれて修行《しゅぎょう》して、成仏《じょうぶつ》を期《き》することなどが説《と》かれた。

〈注5〉【自力《じりき》の菩薩行《ぼさつぎょう》】自身の力《ちから》で仏道修行《ぶつどうしゅぎょう》を永劫《えいごう》にわたり積《つ》み重《かさ》ね、善根《ぜんこん》を積んで多くの段階《だんかい》を経《へ》て成仏《じょうぶつ》へ向かう実践《じっせん》。

〈注6〉【他力《たりき》の信仰《しんこう》】絶対的《ぜつたいてき》な仏《ほとけ》・菩薩《ぼさつ》などの慈悲《じひ》を全面的に頼《たの》み、それによる救済《きゅうさい》を待《ま》ち望《のぞ》む信仰。

〈注7〉【始聞仏乗義《しもんぶつじょうぎ》】建治《けんじ》四年（一二七八年）二月二十八日、日蓮大聖人が下総国葛飾郡中山《しもうさのくにかつしかぐんなかやま》（千葉県市川市《いちかわし》）に住む富木常忍《ときじょうにん》に与《あた》えられた御消息《ごしょうそく》。法華経修行《しゅぎょう》には就類種《じゅるいしゅ》の開会《かいえ》と相対種《そうたいしゅ》の開会があることを述《の》べられ、法華経を信受《しんじゅ》することによって煩悩《ぼんのう》・業《ごう》・苦《く》の三道《さんどう》が即法身《そくほっしん》・般若《はんにゃ》・解脱《げだつ》の三徳《さんとく》と転《てん》じて即身成仏《そくしんじょうぶつ》できることを示《しめ》されている。

〈注8〉【法身《ほっしん》・般若《はんにゃ》・解脱《げだつ》の三徳《さんとく》】仏《ほとけ》の具《そな》えている三種の徳性《とくせい》で、法身とは証得《しょうとく》した真理《しんり》、般若とはその真理を覚知《かくち》する智慧《ちえ》、解脱とは苦《く》の束縛《そくばく》を脱却《だつきゃく》した自在《じざい》の境地《きょうち》。

〈注9〉「問う是《か》くの如《ごと》し之《これ》を聞いて何の益有《やくあ》るや、答えて云《いわ》く始めて法華経を聞くなり、妙楽《みょうらく》云く若《も》し三道即是《さんどうそくこ》れ三徳《さんとく》と信ぜば尚能《なおよ》く二死《にし》の河《かわ》を渡《わた》る況《いわん》や三界《さんがい》をやと云云、末代《まつだい》の凡夫《ぼんぷ》此《こ》の法門《ほうもん》を聞かば唯我一人《ただわれいちにん》のみ成仏《じょうぶつ》するに非《あら》ず父母も又即身《またそくしん》成仏せん」（全九八四㌻・新一三二八㌻）

第13回　信心の血脈《けつみゃく》

——民衆《みんしゅう》のために不惜身命《ふしゃくしんみょう》で戦《たたか》う師弟不二《していふに》の実践《じっせん》に成仏《じょうぶつ》の血脈

講義

本抄では、「生死一大事血脈《しょうじいちだいじ》」についての最蓮房《さいれんぼう》の質問に対して、「妙法蓮華経」こそが万人《ばんにん》の生死の苦《くる》しみを解決《かいけつ》する大法《だいほう》であることが明《あ》かされてきました。そして、その妙法蓮華経を受持《じゅじ》する信心のあり方を重層的《じゅうそうてき》に示《しめ》されるとともに、上行菩薩《じょうぎょうぼさつ》である日蓮大聖人を師として求《もと》める「師弟不二の信心」が生死を乗《の》り越《こ》えるための肝要《かんよう》であることが強調《きょうちょう》されます。

その上で、本抄最後の御文《ごもん》においては、「妙法蓮華経」の大法《だいほう》を万人《ばんにん》に伝《つた》える真実《しんじつ》の血脈《けつみゃく》は「信心の血脈」以外にないと結論《けつろん》されていくのです。

この最終の結論こそ、宗教の魂《たましい》です。なぜならば、生死《しょうじ》は人間の苦《くる》しみの根源《こんげん》であり、生死一大事《いちだいじ》血脈こそ、人間の苦しみの解決《かいけつ》のための血脈だからです。その生死の苦《く》を解決するためには、その人にとって何が鍵《かぎ》になるのかを教《おし》えなければ、どんなに素晴《すば》らしい法を説《と》いたとしても、全《すべ》ては画餅《がべい》に帰《き》してしまいます。

「信心の血脈」の全体像《ぜんたいぞう》

「信心」こそは、偉大《いだい》なる法を伝える最《もっと》も確《たし》かな道です。聖職者《せいしょくしゃ》や儀式《ぎしき》の権威《けんい》などという、不確《ふたし》かな幻想《げんそう》によって伝わるものではない。

真実の偉大なる法を伝えるのに最も大切なのは、まさに「信心」なのです。なぜならば、信心のみが、私たちの生命を覆《おお》う無明《むみょう》を打《う》ち破《やぶ》って、本来具《ほんらいそな》わる妙法の無限《むげん》の力《ちから》を現《あらわ》すことができるからです。一人《ひとり》一人に妙法の偉大な力が現れたとき、それこそが「法が伝わる」ということなのです。

ゆえに、大聖人は本抄で、まさに、意《い》を尽《つ》くされて「信心の血脈《けつみゃく》」のあり方を重層的《じゅうそうてき》に説《と》ききっておられます。この点については、この講義で既《すで》に詳《くわ》しく拝《はい》してきましたので、ここでは要点《ようてん》を確認《かくにん》しておきましょう。

第一に、久遠実成《くおんじつじょう》の釈尊《しゃくそん》と、皆成仏道《かいじょうぶつどう》の法華経と、我等衆生《われらしゅじょう》との三つは全《まった》く差別《さべつ》ないと信解《しんげ》する正《ただ》しい信心です。これは、「何を信ずるのか」という「信心の内実《ないじつ》」にかかわる最重要《さいじゅうよう》の一点であり、この信をこめて題目《だいもく》を唱《とな》えていくことが日蓮門下《もんか》の「肝要《かんよう》」であると本抄で仰《おお》せです。

この仰せのポイントは、今の自分が妙法蓮華経の当体《とうたい》であり、この一生で即身成仏《そくしんじょうぶつ》できると信じていくことにあります。

第二に、「臨終只今《りんじゅうただいま》」の覚悟《かくご》で、悔《く》いなき信心を貫《つらぬ》き、「臨終正念《しょうねん》」を遂《と》げていくことです。「月月《つきづき》・日日《ひび》」の悔いなき信心と、その生涯《しょうがい》の持続《じぞく》が、一生成仏を決定《けってい》します。これは、「信心の深《ふか》さと持続」の面から「信心の血脈」を明《あ》かされていると拝することができます。

さらに、今生《こんじょう》に一生成仏《いっしょうじょうぶつ》を遂《と》げていくことによって、過去世《かこせ》・現在世《げんざいせ》・未来世《みらいせ》の三世《さんぜ》の生死《しょうじ》の全体が「妙法蓮華経の生死」のリズムのままにつながり、「仏界《ぶっかい》の生死」となって現《あらわ》れるのです。人間として生まれた今世《こんぜ》は、三世の生死のあり方を決める、かけがえのない人生なのです。

第三に、「異体同心《いたいどうしん》」で広宣流布《こうせんるふ》に前進する信心の大切さを示《しめ》されています。妙法蓮華経の血脈《けつみゃく》を受《う》けるのは、自分一人《ひとり》ではありません。万人《ばんにん》が妙法蓮華経の当体《とうたい》であり、成仏の血脈を受け継《つ》ぐことができる。それを実現していくのが、仏《ほとけ》の大願《だいがん》である広宣流布です。そして、その広布《こうふ》大願を実現していく主体《しゅたい》が「異体同心の信心」で結《むす》びついた和合僧《わごうそう》団《だん》なのです。

これは「広宣流布と和合僧」の面から、「信心の血脈」を明《あ》かされていると拝《はい》されます。

以上のように、大聖人は本抄で、「何を信ずるのか」という観点《かんてん》から、また「信心の深《ふか》さと持続《じぞく》」と「広宣流布と和合僧」の面から、重層的《じゅうそうてき》に「信心の血脈」の意義《いぎ》を示されていきます。これによって、生死一大事《いちだいじ》血脈が流《なが》れ通《かよ》う、あるべき「信心」の全体像《ぜんたいぞう》を示されているのです。

「師弟不二《していふに》の信心」が究極《きゅうきょく》

さらに、この「信心の血脈《けつみゃく》」のすべての面を凝縮《ぎょうしゅく》し、体現《たいげん》した「師」の存在を示《しめ》されています。それが「上行菩薩《じょうぎょうぼさつ》」です。

確《たし》かに「信心の血脈」の重層的《じゅうそうてき》な意義《いぎ》は言葉で説明《せつめい》されました。しかし、多くの人が、それぞれの人生において「信心の血脈」を確かに受《う》け継《つ》いでいくためには、その全体像《ぜんたいぞう》を体現した「師」の存在が決定的《けっていてき》に重要《じゅうよう》なのです。

なぜならば、言葉は、一面一面をばらばらに教《おし》えるのに対して、妙法蓮華経の当体《とうたい》としての人格《じんかく》と行動を実現した「師」の存在は、信心の血脈を一挙《いっきょ》に触発《しょくはつ》する力《ちから》を持っているからです。

ゆえに本抄では「上行菩薩から受け継ぐ南無妙法蓮華経を唱《とな》え、修行《しゅぎょう》していきなさい」と言われ、大聖人こそが上行の出現《しゅつげん》に当《あ》たることを示唆《しさ》されているのです。

このように「師」の存在を示された上で、本抄は「信心の血脈」の重要性を強調《きょうちょう》した一《いっ》節《せっ》で結《むす》ばれております。

すなわち、「師弟不二《していふに》の信心」こそ、信心の血脈《けつみゃく》を受《う》け継《つ》ぐ要諦《ようてい》であり、究極《きゅうきょく》なのです。

本抄は、周到《しゅうとう》に言葉を尽《つ》くされた「信心の血脈」論《ろん》であると拝《はい》することができます。

仏法の生死観《しょうじかん》は人類《じんるい》の希《き》望《ぼう》の根源《こんげん》

私は若き日から、仏法による生死観の変革《へんかく》が人類に計《はか》り知《し》れない希望を与《あた》えると確信《かくしん》してきました。また、それが、人類の平和を実現する不可欠《ふかけつ》の基盤《きばん》になるとも考えてきた。

そして、そのことを、機会《きかい》があるごとに、さまざまな形《かたち》で論究《ろんきゅう》してきました。

世界の多くの識者《しきしゃ》との対談《たいだん》の嚆矢《こうし》となったトインビー博士との対談においても、この生死のテーマを真正面《ましょうめん》から取り上げて、語《かた》り合《あ》いました。

「生命は死後《しご》も存続《そんぞく》するのか、それとも現世《げんぜ》だけのものか」

「もし存続するとすれば、それは永遠《えいえん》のものか、有限《ゆうげん》のものか、またいかなる状態《じょうたい》で存続するのか」

トインビー博士は、私の率直《そっちょく》な問題提起《もんだいていき》を真摯《しんし》に受け止めてくださった。そして、〝これらは重大《じゅうだい》な問題であるが、実証不可能《じっしょうふかのう》な問題であり、空間や時間の枠組《わくぐ》みの中では答えることはできないであろう〟と、学者らしい抑制《よくせい》を利《き》かせた言及《げんきゅう》をされていた。他方、博士は、仏法の「空《くう》」の思想《しそう》、あるいは「永遠《えいえん》」の概念《がいねん》によって初めて答えることができるであろうとも言われておりました。

これは、言《い》い換《か》えれば、生死《しょうじ》の問題は学問よりも宗教の根本課題《こんぽんかだい》であるとの指摘《してき》であり、いわば仏法の実践者《じっせんしゃ》である私に問いを投《な》げ返《かえ》されたのであります。西洋《せいよう》の最高峰《さいこうほう》の知性《ちせい》がたどり着《つ》いた珠玉《しゅぎょく》の洞察《どうさつ》です。生死の問題こそ、人類《じんるい》にとって永遠の問いであると同時に、宗教にとっての根本課題であります。ここにこそ宗教が存在する意義《いぎ》があると言っても過言《かごん》ではない。

牧口先生は生死の問題について、『創価教育学体系』〈注1〉の中で、次のように述《の》べられています。

「対宇宙《たいうちゅう》の生活について言えば、何人《なんぴと》も生死の問題に直面《ちょくめん》するときには、いかなる智《ち》者《しゃ》、学者でも、また、英雄《えいゆう》でも豪傑《ごうけつ》でも、微弱《びじゃく》な力《ちから》しか持たないことを知る。そのときには、偉大《いだい》なる威力《いりょく》というべき宇宙《うちゅう》の本体《ほんたい》の能力《のうりょく》に対応《たいおう》する生活をしなければならなくなる。宗教生活は、これによって生《しょう》ずる。対社会の生活も、実《じつ》は宗教生活の一部とみなすことができる」（趣意）〈注2〉

生死《しょうじ》の問題を解決《かいけつ》するには、宇宙の本体の偉大な力《ちから》に対応する「宗教生活」に入らなければならないとの指摘《してき》です。

そして、「対社会の生活」も、実は、この「宗教生活」に含《ふく》まれていると言われている点には、深《ふか》く注目《ちゅうもく》していくべきでしょう。宗教生活によって開発《かいはつ》された偉大なる生命力こそ、社会生活を正《ただ》しく営《いとな》むための原動力《げんどうりょく》に他《ほか》ならないからです。

そして、生《せい》と死《し》を含む宇宙の本体の偉大なる力を生きる「宗教生活」の鍵《かぎ》となるものこそ「信心の血脈《けつみゃく》」なのです。

阿《あ》仏房《ぶつぼう》の「師《し》を求《もと》める信心」

ここで、生死の問題を解決するためには、「信心の血脈」なかんずく「師弟不二《していふに》の信心」

が決定的《けっていてき》に重要《じゅうよう》であることを、大聖人が門下《もんか》に示《しめ》された御指南《ごしなん》に基《もと》づき、具体的《ぐたいてき》に示してみたい。

大聖人の御在世《ございせ》で、信心の血脈《けつみゃく》を受《う》け継《つ》いで生死《しょうじ》の苦《く》を越《こ》え、一生成仏《いっしょうじょうぶつ》を遂《と》げた門下の代表の一人《ひとり》として、阿仏房《あぶつぼう》が挙《あ》げられるでしょう。大聖人は亡《な》くなった阿仏房について、妻《つま》の千日尼《せんにちあま》に対するお手紙の中で、こう言われている。

「故《こ》阿仏房の聖霊《しょうりょう》は、今、どこにいらっしゃるのであろうかと人は疑《うたが》うかもしれないが、法華経の明鏡《みょうきょう》に阿仏房の姿《すがた》を映《うつ》し出《だ》してみれば、霊鷲山《りょうじゅせん》の山の中、多宝仏《たほうぶつ》の宝塔《ほうとう》の内《うち》において、東を向いて〈注3〉いらっしゃると、日蓮は見るのである」〈注4〉

大聖人はここで、霊山浄土《りょうぜんじょうど》〈注5〉の宝塔の中で真《ま》っ直《す》ぐに仏《ほとけ》に向かい奉《たてまつ》っている阿仏房の姿を記《しる》されているのです。阿仏房が宝塔の中で東に向いているということは、宝塔の中で並座《びょうざ》している釈迦《しゃか》・多宝の二仏《にぶつ》に向かい奉っているということです。これは、生前《せいぜん》に、命《いのち》をかけて大聖人をお護《まも》りし抜《ぬ》いてきた阿仏房の姿そのものであったのではないでしょうか。

厳冬《げんとう》の佐渡《さど》で、わが身《み》の危険《きけん》をかえりみず、いくども櫃《ひつ》を背負《せお》って、塚原《つかはら》の三昧堂《さんまいどう》にまで忍《しの》んできた阿仏房《あぶつぼう》。大聖人が身延《みのぶ》に入られてからも、数年の間に少なくとも三度〈注6〉、老体《ろうたい》を押《お》して、佐渡《さど》からの千里《せんり》の道を越《こ》え、身延を訪《おとず》れた阿仏房。

大聖人を真《ま》っ直《す》ぐに求《もと》め抜《ぬ》いてきたその姿《すがた》のままに、亡《な》き阿仏房は、今、霊山浄土《りょうぜんじょうど》に至《いた》り、宝塔《ほうとう》の中で仏《ほとけ》に向かい奉《たてまつ》っている――「師《し》を求める信心」が弟子《でし》の成仏《じょうぶつ》を間違《まちが》いないものにしていると拝《はい》することができる。

南条兵衛七郎《なんじょうひょうえしちろう》への指南《しなん》

次に、南条兵衛七郎〈注7〉が亡くなる前年（文永《ぶんえい》元年）に認《したた》められた「南条兵衛七郎殿御書」を拝《はい》してみたい。南条兵衛七郎は、南条時光《ときみつ》の父であるが、この年、兵衛七郎は病《やまい》に倒《たお》れた。いわば、死《し》に直面《ちょくめん》した門下《もんか》へ成仏の道を示《しめ》された渾身《こんしん》の御指南《ごしなん》が本抄であります。

「もし、あなたが私よりも先に亡くなられたならば、梵天《ぼんてん》・帝釈《たいしゃく》・四大天王《しだいてんのう》・閻魔大王《えんまだいおう》等にも言いなさい。『日本第一の法華経の行者《ぎょうじゃ》、日蓮房《にちれんぼう》の弟子なり』と名乗《なの》りなさい。そうすれば、まさか、梵天《ぼんてん》等が不親切《ふしんせつ》であることはないであろう。ただし、一度は念仏《ねんぶつ》、一度は法華経を唱《とな》えたことがある。その二心《ふたごころ》が残《のこ》っていて、人の風聞《ふうぶん》に心が揺《ゆ》らぐようなことがあるならば、よもや日蓮の弟子《でし》であると言ったとしても、受け入れられないであろう。そうなったあとで日蓮を恨《うら》んではならない」（趣意）〈注8〉

この御消息《ごしょうそく》で大聖人は、南条兵衛七郎《なんじょうひょうえしちろう》に宗教の五綱《ごこう》〈注9〉に即《そく》して法華経の行者の精《せい》神《しん》と実践《じっせん》を教《おし》えられています。宗教の五綱は、大聖人御自身《ごじしん》が「行者弘経《ぐきょう》の用心《ようじん》」（全四四三ジベー・新四八三ジベー）と言われているように、法華経の行者が法華経を弘《ひろ》めていくに当《あ》たって配慮《はいりょ》していくべき五つの要件《ようけん》です。いわば五綱を通して、師《し》であられる大聖人の法華経の行者としてのお心と行動を教えておられるのです。

この御書を通して大聖人は、病《やまい》に倒《たお》れ、死《し》に直面《ちょくめん》している弟子に「師弟不二《していふに》の信心」を教えられていると拝《はい》することができる。それほど、法華経の行者との師弟不二の信心が、生死《しょうじ》の苦《く》を乗り越《こ》え、一生成仏《いっしょうじょうぶつ》を遂《と》げていく力《ちから》となるのです。

「亡《な》くなったら法華経の行者の弟子として堂々《どうどう》と諸天善神《しょてんぜんじん》等に名乗《なの》っていきなさい。そうすれば諸天善神等が守《まも》ってくれるであろう。しかし、病苦《びょうく》・死苦《しく》に心揺らぎ、過去《かこ》の念仏信仰《しんこう》の名残《なごり》が現《あらわ》れて、信心に二心《ふたごころ》があるようなことであっては、どうなっても知らない」――この仰《おお》せは、真《しん》に弟子《でし》の成仏《じょうぶつ》を思われる渾身《こんしん》の御指導《ごしどう》です。

この御消息《ごしょうそく》をいただいた南条殿《なんじょうどの》は、心の揺《ゆ》れを打《う》ち破《やぶ》って、強盛《ごうじょう》な法華経の信心に立つことができた。大聖人は後《のち》に、南条殿が翌年《よくとし》、臨終正念《りんじゅうしょうねん》を遂《と》げて亡《な》くなったとの報告《ほうこく》を聞かれたのです〈注10〉。

「最高の正《ただ》しい人生」に生きる誇《ほこ》り

創価の師弟《してい》もまた、日蓮仏法を現代社会に広宣流布《こうせんるふ》していく師弟の実践《じっせん》を貫《つらぬ》き通《とお》してきました。そして、草創《そうそう》以来のわが学会員の闘争《とうそう》こそ、この法華経の人間主義の系譜《けいふ》を継承《けいしょう》した行動であると確信《かくしん》いたします。

昭和二十二年（一九四七年）の八月十四日。その日の夜、蒲田《かまた》の糀谷《こうじゃ》で行《おこな》われた座談会《ざだんかい》で、私は戸田先生にお会いしました。

恩師《おんし》は当時、四十七歳。私は十九歳でした。この運命《うんめい》の日、私が会場に入った時、戸田先生は「立正安国論《りっしょうあんこくろん》」の講義をされていました。

「私は、この世《よ》から、一切《いっさい》の不幸《ふこう》と悲惨《ひさん》をなくしたい。どうだ、一緒《いっしょ》にやるか!」

初めて接《せつ》する戸田先生の謦咳《けいがい》でした。新しき大民衆《だいみんしゅう》運動の黎明《れいめい》を告《つ》げる一声《いっせい》でもあったと思います。

私はこの日、戸田先生に「正《ただ》しい人生とは、いったい、どういう人生をいうのでしょうか」とお尋《たず》ねしました。戸田先生の答えには、理論《りろん》の遊戯《ゆうげ》や欺瞞《ぎまん》はいささかもありませんでした。一つ一つの回答《かいとう》に、人間としての実像《じつぞう》があった。まさしく、「生老病死《しょうろうびょうし》」を超克《ちょうこく》した法華経に基《もと》づく人格《じんかく》であられました。

この日この時以来、師弟不二《していふに》の旅路《たびじ》が始まりました。そして、生死《しょうじ》の何たるかを戸田先生より教《おそ》わりました。いつしか、生死の問題を解明《かいめい》し、解決《かいけつ》して実証《じっしょう》することが自身の弟子《でし》としての責務《せきむ》ともなりました。

師弟が不二となれば、無量無辺《むりょうむへん》の力《ちから》がわきます。師匠《ししょう》は、生死の根本課題《こんぽんかだい》を究《きわ》めたうえで、皆《みな》がどうすれば力が発揮《はっき》できるのか、勝利と幸福の人生を送れるのか、心を尽《つ》くし、打つべき手を打ちます。

私は、この絶対《ぜったい》勝利の信心を戸田先生から教《おそ》わりました。戸田先生は、牧口先生から教わりました。牧口先生は、御本尊から、大聖人から、教わりました。ここに創価の師弟《してい》の血脈《けつみやく》があります。

師と弟子《でし》が心を合わせれば、生死《しょうじ》の問題を解決《かいけつ》し、この一生で、三世《さんぜ》永遠《えいえん》の自受法楽《じじゅほうらく》の境涯《きょうがい》を勝ち取ることができるのです。そのための仏法です。

したがって、「生死一大事《いちだいじ》の血脈」を成就《じょうじゅ》する肝要《かんよう》とは、どこまでも、師弟不二《ふに》で民衆《みんしゅう》救済《きゅうさい》のために、広宣流布《こうせんるふ》に戦《たたか》い抜《ぬ》く不惜身命《ふしゃくしんみょう》の信心しかありません。

かつて私は不惜の闘争《とうそう》を誓《ちか》いあった共戦《きょうせん》の友に贈《おく》りました。

仏法の
　創価の原理《げんり》の
　　師弟不二
　生命《いのち》の血脈
　　君等《きみら》にあるなり

いよいよ世界広宣流布《こうせんるふ》の燦然《さんぜん》たる第二幕《まく》が開《ひら》かれました。世界中に生死一大事《しょうじいちだいじ》の大法《だいほう》の血脈《けつみゃく》が流《なが》れ通《かよ》う時代が到来《とうらい》しました。一切《いっさい》はこれからです。生死一大事の血脈を地球上《ちきゅうじょう》に流れ通わし、誰《だれ》もが「生《せい》も歓喜《かんき》、死《し》も歓喜」の境地《きょうち》に遊楽《ゆうらく》しゆく世界を目指《めざ》していく。これ以上の「正《ただ》しい人生」はありません。人類《じんるい》の境涯《きょうがい》を常楽我浄《じょうらくがじょう》へ高めていく創価の人間主義の前進を、世界が待望《たいぼう》しています。創価の師弟《してい》の勝利を世界が見つめています。

注

〈注1〉**【『創価教育学体系』】**牧口常三郎創価学会初代会長が創案《そうあん》・提唱《ていしょう》した実践的《じっせんてき》教育学説《がくせつ》を体系立てて著述《ちょじゅつ》した書。一九三〇年（昭和五年）十一月十八日に第一巻が発刊《はっかん》され、その日が創価学会の創立《そうりつ》記念日となっている。

〈注2〉「対宇宙《うちゅう》の生活は何人《なんぴと》も生死の問題に逢着《ほうちゃく》するときは、如何《いか》なる智者《ちしゃ》でも学者でも、英雄《えいゆう》でも豪傑《ごうけつ》でも、其《そ》の力《ちから》の微弱《びじゃく》なることを知るときは、之《これ》に比《ひ》すれば、偉大《いだい》なる威力《いりょく》たる宇宙の本《ほん》体《たい》、能力《のうりょく》に対立《たいりつ》する生活をなさねばならぬこと、なり、宗教生活は之《こ》れによつて生《しょう》ずる。対社会の生活も実《じつ》はその一部と見做《みな》すことが出来る」（『牧口常三郎全集』第5巻、第三文明社）

〈注3〉多宝如来《たほうにょらい》の宝塔《ほうとう》は西を向いており、その中に並《なら》び座《すわ》る釈迦《しゃか》・多宝の二仏《にぶつ》も西を向いているので、阿仏房《あぶつぼう》は東を向いて二仏を拝《はい》していることになる。

〈注4〉「されば故阿仏房《こあぶつぼう》の聖霊《しょうりょう》は今いづくにか・をはすらんと人は疑《うたが》うとも法華経の明鏡《みょうきょう》をもつて其《そ》の影《かげ》をうかべ《浮》て候《そうら》へば霊鷲山《りょうじゅせん》の山の中に多宝仏《たほうぶつ》の宝塔《ほうとう》の内《うち》に東む《向》きにをはすと日蓮は見まいらせて候《そうろう》」（全一三一九ページ・新一七五〇ページ）

〈注5〉【霊山浄土《りょうぜんじょうど》】法華経の説法《せっぽう》が行《おこな》われた霊鷲山《りょうじゅせん》は、多宝如来《たほうにょらい》の宝塔《ほうとう》の中に久遠《くおん》の釈尊《しゃくそん》が常住《じょうじゅう》して法華経を説《と》き続ける永遠《えいえん》の浄土とされる。その浄土の名。日蓮大聖人は法華経の行者《ぎょうじゃ》が、今ここにいながら往還《おうかん》できる浄土であるとともに、亡《な》くなった後に往《ゆ》く浄土であるとされている。

〈注6〉妻《つま》の千日尼《せんにちあま》へのお手紙で「去《い》ぬる文永《ぶんえい》十一年より今年弘安《こうあん》元年まではすでに五箇年《かねん》が間・此《こ》の山中《さんちゅう》に候《そうろう》に佐渡《さど》の国より三度まで夫《おっと》をつかはす」（全一三一四ページ・新一七四二ページ）と仰《おお》せである。

〈注7〉【南条兵衛七郎《なんじょうひょうえしちろう》】富士郡上野郷《ふじぐんうえのごう》の武士。元《もと》は念仏《ねんぶつ》を信じていたが、日蓮大聖人の教えを聞いて帰依《きえ》した。文永《ぶんえい》元年（一二六四年）末には病気《びょうき》が思わしくなく、大聖人から手紙で激励《げきれい》を受け、翌年《よくとし》亡《な》くなった。

〈注8〉「もし・さきにたたせ給《たま》はば梵天《ぼんでん》・帝釈《たいしゃく》・四大天王《しだいてんのう》・閻魔大王《えんまだいおう》等にも申させ給《たも》うべし、日本第一の法華経の行者《ぎょうじゃ》・日蓮房《にちれんぼう》の弟子《でし》なりとなのらせ給《たま》へ、よもはうしん《芳心》なき事《こと》は候《そうら》はじ、但《ただ》一度は念仏《ねんぶつ》・一度は法華経となへ《唱》つ・二心《ふたごころ》ましまし人の聞《きき》にははばかり《憚》なんど・だにも候はば・よも日蓮が弟子と申すとも御用《おんもち》ゐ候はじ・後にうらみ《恨》させ給《たも》うな」（全一四九八ページ・新一八三一ページ）

〈注9〉【宗教の五綱《ごこう》】仏法を弘通《ぐつう》するに当《あ》たって考慮《こうりょ》すべき重要《じゅうよう》な五つの事項《じこう》。教《きょう》（説《と》くべき教《おし》え）・機《き》（教えを受ける人々の能力《のうりょく》・状態《じょうたい》）・時《じ》（仏教流布《るふ》上の時節《じせつ》）・国《こく》（弘《ひろ》める地域《ちいき》・国の状況《じょうきょう》）・教法《きょうほう》流布の先後《せんご》（教えが広まる順序《じゅんじょ》）の五つ。

〈注10〉「故親父《こしんぷ》は武士《ぶし》なりしかども・あながちに法華経を尊《たっと》み給《たま》いしかば・臨終正念《りんじゅうしょうねん》なりけるよしうけ給わりき」（全一五〇八ページ・新一八三八ページ）

池田大作（いけだ・だいさく）
　1928年（昭和3年）、東京生まれ。創価学会名誉会長。創価学会インタナショナル（SGI）会長。創価大学、アメリカ創価大学、創価学園、民主音楽協会、東京富士美術館、東洋哲学研究所、戸田記念国際平和研究所などを創立。世界各国の識者と知性の対話を重ね、平和、文化、教育運動を推進。モスクワ大学、グラスゴー大学、デンバー大学、北京大学など、世界の大学・学術機関の名誉博士、名誉教授。国連平和賞をはじめ、桂冠詩人、世界民衆詩人の称号、世界桂冠詩人賞、世界の各都市の名誉市民の称号など多数受賞。
　主な著書は『人間革命』（全12巻）、『新・人間革命』（全30巻）、『私の世界交友録』など。対談集も『二十一世紀への対話』（A・トインビー）、『人間革命と人間の条件』（A・マルロー）、『二十世紀の精神の教訓』（M・ゴルバチョフ）、『地球対談　輝く女性の世紀へ』（H・ヘンダーソン）など多数。

生死一大事血脈抄講義

二〇〇八年二月十一日　発　行
二〇二二年九月二十日　第十三刷

著　者　池田大作
発行者　松岡　資
発行所　聖教新聞社
〒一六〇-八〇七〇　東京都新宿区信濃町七
電話　〇三-三三五三-六一一一（代表）

印刷所　株式会社　精興社
製本所　牧製本印刷株式会社
定価はカバーに表示しています
落丁・乱丁本はお取り替えいたします

ISBN978-4-412-01381-0